RECUEIL

CHRONOLOGIQUE

DE LOIS

ET ACTES DE L'AUTORITÉ PUBLIQUE.

Enregistrement et Timbre

À PARIS;

DE L'IMPRIMERIE DU DÉPÔT DES LOIS.

RECUEIL DE DÉCRETS

SUR LE DROIT

D'ENREGISTREMENT

Des Actes civils et judiciaires . des titres de propriété, et des Effets publics au porteur;

ET SUR LE TIMBRE.

DÉCRET du 5 Décembre 1790. ⇄ 19 *du même mois.* N.º 261.

Sur le Droit d'Enregistrement des Actes civils et judiciaires, et des Titres de propriété.

Suivi du Tarif des mêmes Droits.

ARTICLE PREMIER.

A COMPTER du 1er février 1791, les droits de contrôle des actes et des exploits, insinuations ecclésiastiques et laïques, centième denier des immeubles, ensaisinement, scel des jugemens, tous les droits de greffes, les droits réservés sur les procédures lors de la suppression des offices de Tiers-référendaires, Contrôleurs des dépens, Vérificateurs des défauts, Receveurs des épices et amendes, le sceau des actes des notaires, le droit de sceau en Lorraine, celui de bourse commune des Huissiers de Bretagne, les quatre deniers pour livre du prix des ventes de meubles, les droits d'amortissement, de nouvel acquêt et usages seront abolis.

La formalité de l'insinuation sera donnée aux actes qui exigent la publicité, ainsi qu'il est prescrit par l'article XXIV du Décret de l'Assemblée Nationale, des 6 et 7 septembre 1790.

A

II. Les actes des Notaires et les exploits des Huissiers seront assujettis dans toute l'étendue du territoire françois, à un enregistrement, pour assurer leur existence et constater leur date.

Les actes judiciaires seront soumis à la même formalité, soit sur la minute, soit sur l'expédition, ainsi qu'il sera expliqué ci-après.

Les actes passés sous signatures privées y seront pareillement sujets dans les cas prévus par l'article XI.

Enfin le titre de toute propriété ou usufruit de biens-immeubles, réels ou fictifs, sera de même enregistré.

A défaut d'actes en forme ou sous signature privée, contenant translation de nouvelle propriété, il sera fait enregistrement de la déclaration que les propriétaires et les usufruitiers seront tenus de fournir de la consistance et de la valeur de ces immeubles, soit qu'ils les ayent recueillis par succession ou autrement en vertu des loix et coutumes, ou par l'échéance des conditions attachées aux dispositions éventuelles.

A raison de cette formalité, il sera payé un droit dont les proportions seront déterminées ci-après, suivant la nature des actes et les objets des déclarations.

III. Les actes et les titres de propriété ou d'usufruit soumis à la formalité, seront, pour la perception du droit d'enregistrement, divisés en trois classes.

La première comprendra les actes dont les objets ont une valeur déterminée, et dont il résulte immédiatement transmission, attribution, obligation ou libération.

La seconde classe, ceux dont les objets ne seront pas évalués, soit parce que cette évaluation dépend des circonstances éventuelles, soit parce qu'il n'y a pas lieu à exiger l'évaluation. Cette classe comprendra les contrats de mariage, les testamens, les dons mutuels, les dispositions de biens à venir et de dernière volonté, même les dispositions éventuelles stipulées par des actes entre-vifs, dont les objets sont indéterminés.

La troisième classe comprendra tous les actes de formalité ou

de précaution, les actes préparatoires, ceux qui concernent l'introduction ou l'instruction des instances, ceux qui ne contiennent que
l'exécution, le complément ou la consommation de conventions antérieures passées en forme d'actes publics, dont les droits auront été
payés sur le pied de la première classe, les donations éventuelles
d'objets déterminés, et généralement tous les actes non compris dans
les deux classes précédentes.

IV. Il sera payé pour l'enregistrement des actes et titres de propriété ou d'usufruit de la première classe, un droit proportionnel à
la valeur des objets qui y seront désignés.

Cette perception suivra chaque série de cent livres, inclusivement
et sans fraction.

La quotité en sera graduée par plusieurs sections, depuis cinq sous
jusqu'à quatre livres pour cent livres, conformément au Tarif qui
sera annexé au présent Décret.

Le droit d'enregistrement des actes de la seconde classe, sera payé
à raison du quinzième du revenu des contractans ou testateurs, et
leur revenu sera évalué d'après leur cotte d'habitation dans la Contribution personnelle, sans que le droit puisse être moindre de trente
sous.

Mais dans le cas où un acte de la seconde classe ne transmettroit
que des propriétés immobilières, il sera fait déduction de la somme
payée pour l'enregistrement de cet acte, sur celle que le propriétaire acquittera lors de la déclaration qu'il sera tenu de faire pour
raison de ces immeubles.

Le droit d'enregistrement des actes de la troisième classe, consis-
tera dans une somme fixe pour chaque espèce, depuis cinq sous jusqu'à douze livres, suivant le degré d'utilité qui en résulte, et conformément aux différentes sections de la troisième partie du Tarif.

V. Le droit d'enregistrement des actes de la première classe sera
perçu; savoir:

Pour les ventes, cessions ou autres transmissions à titre onéreux

A 2

sur le prix exprimé sans fraude, y compris le capital des redevances et de toutes les charges dont l'acquéreur est tenu.

A l'égard des actes portant transmission de propriété ou d'usufruit à titre gratuit, des partages de biens-meubles, échanges et autres titres qui ne comporteront pas de prix, le droit d'enregistrement sera réglé pour les propriétés mobiliaires et les immeubles fictifs, d'après la déclaration estimative des parties ; et pour les immeubles réels, d'après la déclaration que les parties seront pareillement tenues de faire de ce que ces immeubles payent de contribution foncière, et dans le rapport du principal au denier vingt-cinq du revenu desdits biens.

Faute de déclaration de prix, ou de l'estimation de tous les objets désignés, le droit d'enregistrement sera perçu suivant les différentes sections de la première classe auxquelles les actes et contrats seront applicables, sur une évaluation provisoire de 15,000 livres.

Les contractans auront, pendant une année, à compter du jour de l'enregistrement, la faculté de faire leur déclaration de la vraie valeur des objets qu'ils auront omis d'estimer ; le droit sera réduit dans la proportion de cette évaluation, et l'excédant sera restitué, sans que les contractans puissent être dispensés de faire l'estimation des objets désignés, dont la valeur pourroit donner lieu à un droit qui surpasseroit la fixation provisoire ci-dessus établie.

VI. Dans le cas où une déclaration ne comprendroit pas tous les objets sur lesquels elle doit s'étendre, ou la véritable valeur, ou la quotité réelle de l'imposition territoriale sur tous les objets désignés, conformément à l'article précédent, il sera payé deux fois la somme du droit sur la valeur des objets omis.

VII. L'enregistrement prescrit par le présent Décret, se fera en rappelant sur le registre à ce destiné, par extrait et dans un même contexte, toutes les dispositions que l'acte contiendra. La somme du droit sera réglée suivant les différentes classes et sections du Tarif, auxquelles se rapporteront les dispositions qui ne dériveront pas nécessairement les unes des autres.

VIII. Tout acte de Notaire sera présenté à l'enregistrement dans les dix jours qui suivront celui de la date, lorsque le Notaire résidera dans le même lieu où le Bureau sera établi, et dans les vingt jours, lorsqu'il résidera hors du lieu de l'établissement du bureau, à l'exception des testamens qui seront présentés trois mois au plus tard après le décès des testateurs.

Il sera fait mention de la formalité dans les expéditions, par transcription littérale de le quittance du Receveur. Si le Notaire délivre un acte, soit en brevet, soit par expédition, avant qu'il ait été enregistré, il sera tenu de la restitution des droits, ainsi qu'elle est prescrite par l'article suivant; il sera interdit s'il y a récidive; et dans le cas de fausse mention d'enregistrement, il sera condamné aux peines prononcées pour le faux matériel.

Les exploits et actes des Huissiers seront enregistrés dans les quatre jours qui suivront celui de leur date, soit au bureau de leur résidence, soit au bureau du lieu où les actes auront été faits.

IX. A défaut d'enregistrement dans les délais fixés par l'article précédent, un acte passé devant Notaire ne pourra valoir que comme un acte sous signature privée. Le Notaire sera responsable envers les parties, des dommages qui pourront résulter de l'omission; il sera contraint sur la demande du préposé, à payer deux fois le montant des droits, dont l'une sera à sa charge, l'autre à celle des contractans.

Cependant l'acte ayant reçu la formalité omise, acquerra la fixité de la date et l'hypothèque, à compter du jour de l'enregistrement; et en cas de retard du Notaire à le faire enregistrer sur la demande qui lui en aura été faite, les parties pourront elles-mêmes requérir cet enregistrement, en acquittant une fois le droit, sauf leur recours contre le Notaire à qui elles l'auroient déjà payé, et sauf au préposé à poursuivre le Notaire pour le second droit résultant de sa contravention.

A l'égard des actes d'huissiers, ils seront nuls à défaut de la formalité; les Juges n'y auront aucun égard : les Huissiers seront responsables envers les parties, des suites de cette nullité ; ils seront en outre contraints à payer de leurs deniers une somme de dix livres pour chaque exploit qu'ils auroient omis de faire enregistrer, et soumis aux mêmes peines que les Notaires, en cas de fausse mention d'enregistrement.

X. Les actes judiciaires, sentences arbitrales, transactions des bureaux de paix et jugemens des Juges de paix, seront enregistrés sur les minutes et dans le délai d'un mois, au bureau établi près la juridiction du Greffier, lorsqu'ils contiendront transmission de biens-immeubles réels ou fictifs.

Les Greffiers qui n'auroient pas reçu des parties les sommes nécessaires pour satisfaire aux droits d'enregistrement, ne seront point tenus d'en faire l'avance ; mais ils ne pourront délivrer aucune expédition desdits actes, avant qu'ils ayent été enregistrés, sous peine d'être contraints à payer de leurs deniers deux fois le montant des droits.

Lorsque les Greffiers n'auront pas reçu des parties la somme des droits, ils seront tenus de remettre aux préposés, dans le délai du mois, un extrait certifié des actes mentionnés en la première section de cet article ; et sur cet extrait, après six mois du jour de la date de l'acte, les parties seront contraintes à payer pareillement deux fois le montant des droits.

Dans tous les autres cas, les seules expéditions des actes judiciaires seront soumises à la formalité avant qu'elles puissent être délivrées, sous la même peine du doublement des droits.

Lorsqu'un acte judiciaire aura été enregistré sur la minute, il en sera fait mention sur les expédtions, qui ne seront sujettes à aucuns nouveaux droits.

A l'égard des actes dont l'enregistrement n'est pas prescrit sur la minute, chaque expédition recevra la formalité ; mais si l'acte est applicable à la première classe, le droit proportionnel ne sera perçu que sur la première expédition ; et pour les autres, à raison de ce qui est fixé pour les actes de la quatrième section de la troisième classe.

Les actes enregistrés dans le délai prescrit, auront hypothèque du jour de leur date, et seulement du jour de l'enregistrement, lorsqu'ils ne seront enregistrés qu'après les délais.

XI. Les actes sous signatures privées, même les billets à ordre, en conséquence desquels il sera formé quelques demandes principales, incidentes ou en reconvention, seront enregistrés au bureau du domicile du demandeur, ou à celui établi près la juridiction où il formera sa demande, avant d'être signifiés ou produits en justice : toute poursuite et signification faite au préjudice de cette disposition, sera nulle; les juges n'y auront aucun égard, et ne pourront rendre aucun jugement avant que ces actes ayent été enregistrés.

Tout acte privé qui contiendra mutation d'immeubles réels ou fictifs, sera sujet à la formalité dans les six mois qui suivront le jour de sa date; passé lequel délai, si un acte de cette nature est produit en justice, ou énoncé dans un acte authentique, il sera assujetti au payement du double droit.

Les inventaires, à l'exception de ceux de commerce entre associés, les traités de mariage et les actes portant transmission de propriété ou d'usufruit de biens-immeubles, lorsqu'ils seront passés sous signature privée, ne pourront recevoir la formalité après le délai de six mois expiré, qu'en payant pareillement deux fois la somme des droits.

Aucun notaire ou greffier ne pourra recevoir le dépôt d'un acte privé, à l'exception des testamens, ni en délivrer extrait ou copie collationnée, ni passer aucun acte ou contrat en conséquence, sans que l'acte sous signature privée ou le testament ayent été préalablement enregistrés.

Les lettres de change tirées de place en place, et leurs endossemens, les extraits des livres des marchands, concernant leur commerce, et les mémoires d'avances et frais des officiers de justice, lorsqu'ils ne contiendront point d'obligation, les passeports délivrés par les Officiers publics, et les extraits des registres des naissances, mariages et sépultures, sont exceptés de cet article.

XII. Les déclarations des héritiers, légataires et donataires éventuels de biens-immeubles réels ou fictifs, prescrites par la quatrième section de l'article II du présent Décret, seront faites au plus tard dans les six mois qui suivront le jour de l'événement de la mutation par décès ou autrement, et ce délai passé, les contribuables seront contraints à payer les droits, plus la moitié de la somme en quoi ils consistent.

Ces déclarations seront enregistrées; savoir, pour les immeubles réels, au bureau dans l'arrondissement duquel les biens seront situés, et pour les immeubles fictifs, au bureau établi près le domicile du dernier possesseur.

XIII. Tous les procès-verbaux, délibérations et autres actes faits et ordonnés par les Corps municipaux et administratifs, qui seront passés à leurs greffes et scrétariats, et qui tendront directement et immédiatement à l'exercice de l'administration intérieure et police, seront exempts de la formalité et des droits d'enregistrement.

A l'égard de tous les actes ci-devant assujettis aux droits de contrôle, et qui pourront être passés par lesdits Corps municipaux et administratifs, notamment les marchés et adjudications d'entreprises, et les baux des biens communaux et nationaux, ils seront sujets aux droits d'enregistrement dans le délai d'un mois.

XIV. Les Notaires seront tenus, à peine d'une somme de cinquante livres pour chaque omission, d'inscrire jour par jour sur leurs répertoires, les actes et contrats qu'ils recevront, même ceux qui seront délivrés en brevet.

Les testamens ou actes de dépôt, lorsqu'ils seront faits devant Notaires, et les actes de dépôt des testamens faits sous signature privée, seront aussi inscrits sur les répertoires, sans autre indication que celle de la date de l'acte et du nom du testateur, et sans que le préposé puisse prendre communication de ces actes, ni aucunes notes qui y soient relatives avant le décès des testateurs.

Les Greffiers tiendront, sous les mêmes obligations, des répertoires de tous les actes volontaires, dans les lieux où ils sont dans

l'usage

l'usage d'en recevoir, et de ceux dont il résultera transmission de propriété ou de jouissance de biens-immeubles.

Les Huissiers tiendront prreillement des répertoires de tous les actes et exploits, sous peine d'une somme de dix livres pour chaque omission.

Au moyen de ces dispositions, les préposés ne pourront faire aucune visite domiciliaire ou recherche générale dans les dépôts des Officiers publics, qui ne seront tenus que de leur exhiber leurs répertoires à toute réquisition, et de leur communiquer seulement les actes passés dans l'année antérieure, à compter du jour où cette communication sera demandée.

A l'égard des actes plus anciens, les préposés ne pourront en requérir la lecture, qu'en indiquant leur date et les noms des parties contractantes, et sur ordonnance de juge ; et s'ils en demandent des expéditions, elles leur seront délivrées en payant deux sous six deniers pour chaque extrait ou rôle d'expédition, outre les frais du papier timbré.

XV. Il sera établi des bureaux pour l'enregistrement des actes et déclarations, et pour la perception des droits qui en résulteront, dans toutes les villes où il y a chef-lieu d'administration ou tribunal de District, et en outre dans les cantons où ils seront jugés nécessaires sur l'avis des Districts et Départemens, sans que l'arrondissement d'aucun de ces bureaux puisse s'étendre sur aucune paroisse qui ne seroit pas du même District.

Aucun Notaire, Procureur, Greffier ou Huissier ne pourra à l'avenir être pourvu de ces emplois.

Aucun Juge, ni Commissaire du Roi ne pourra être préposé à l'exercice des mêmes droits.

Les Receveurs et autres employés seront tenus de prêter serment au tribunal du District dans le ressort duquel le bureau sera placé. Cette prestation aura lieu sans autres frais que ceux du timbre de l'expédition qui en sera délivrée.

XVI. Les Notaires, les Greffiers, les Huissiers et les parties

Enregistrement. B

seront tenus de payer les droits dans tous les cas, ainsi qu'ils sont réglés par le présent décret et le tarif annexé. Ils ne pourront en atténuer ni différer le payement, sous le prétexte de contestation sur la quotité, ni pour quelque cause que ce soit, sauf à se pourvoir en restitution, s'il y a lieu, par-devant les Juges compétens.

XVII. Les préposés ne pourront sous aucun prétexte, pas même en cas de contravention, différer l'enregistrement des actes dont les droits leur auront été payés conformément à l'article précédent : ils ne pourront suspendre ou arrêter le cours des procédures en retenant aucuns actes ou exploits ; mais si un acte dont il n'y a pas de minute, ou un exploit contenoit des renseignemens dont la trace pût être utile, le préposé auroit la faculté d'en tirer une copie, et de la faire certifier conforme à l'original par l'Officier qui l'auroit présenté ; et sur le refus de l'Officier, il s'en procurera la collation en forme à ses frais, sauf répétition en cas de droit, le tout dans les vingt-quatre heures de la présentation de l'acte au bureau.

XVIII. Toute demande et action tendant à un supplément de droits sur un acte ou contrat, sera prescrite après le délai d'une année, à compter du jour de l'enregistrement ; les parties auront le même délai pour se pourvoir en restitution.

Toute contravention par omission ou insuffisance d'évaluation dans les déclarations des héritiers, légataires et donataires éventuels, sera pareillement prescrite après le laps de trois années.

Enfin toute demande de droits résultant des successions directes ou collatérales, pour raison de biens-meubles ou immeubles réels ou fictifs, échus en propriété ou en usufruit par testamens, dons éventuels ou autrement, sera prescrite après le laps de cinq années à compter du jour de l'ouverture des droits.

XIX. Les préposés à la perception des droits sur les actes, feront comme par le passé la recette des amendes d'appel, ainsi que de celles qui ont lieu ou qui pourroient être réglées dans les cas de cassation, déclinatoire, réintégrande, évocation, inscription de faux, tierce opposition, récusation de Juges et requête civile. Ils seront également chargés du recouvrement des amendes, aumônes, et de toutes autres peines pécuniaires prononcées par forme de condamnation pour crimes et délits, faits de police, contravention aux règlemens des manufactures et autres, à la charge de rendre aux parties intéressées la part les concernant, sans aucuns frais.

XX. Les Collecteurs des contributions directes, personnelles ou foncières, et tous dépositaires des rôles desdites contributions, seront tenus de donner communication de ces rôles aux préposés à la perception des droits d'enregistrement, même de leur en laisser prendre extraits à toute réquisition, sur papier libre, et de les certifier sans frais.

XXI. La perception des droits d'enregistrement, réglés par le présent Décret et par le tarif annexé, n'aura aucun effet rétroactif.

XXII. Tous les actes publics dans les pays ci-devant assujettis aux droits de contrôle, insinuations et accessoires, qui, à l'époque de l'exécution de ce décret, n'auront pas subi toutes leurs formalités, ne pourront être assujettis à plus grands droits que ceux fixés par les anciens tarifs, pourvu qu'ils soient présentés à l'enregistrement dans les délais qui étoient prescrits. Mais les actes et déclarations dont la perception seroit plus avantageuse aux parties contractantes, sur le pied fixé par le présent décret, jouiront du bénéfice de ses dispositions, à compter du jour qu'il sera exécuté.

XXIII. Les actes sous signatures privées de date antérieure à l'époque fixée pour l'exécution du présent décret, ne seront assujettis au droit d'enregistrement qu'autant qu'ils l'étoient à ceux d'insinuation et centième denier, ou dans les cas où il sera formé quelque demande en justice, ou passé quelqu'acte authentique en conséquence, et seulement au simple droit.

XXIV. Enfin à l'égard des actes en forme authentique, passés avant l'époque de l'exécution du présent décret, dans les pays du territoire français qui n'étoient point soumis au contrôle, ils auront leur exécution sans être assujettis à la formalité de l'enregistrement; et quant aux actes sous seings privés, passés dans les mêmes pays avant cette époque, ils seront enregistrés lorsqu'il sera formé quelque demande ou passé quelque acte public en conséquence, sans qu'on puisse exiger de double droit.

XXV. L'introduction et l'instruction des instances relatives à la perception des droits d'enregistrement, auront lieu par simples requêtes ou mémoires, respectivement communiqués sans aucuns frais, autres que ceux du papier timbré et des significations des jugemens interlocutoires et définitifs, et sans qu'il soit nécessaire d'y employer le ministère d'aucuns Avocats ou Procureurs dont les écritures n'entreront point en taxe.

A l'égard des instances ci-devant engagées relativement à la perception des droits du contrôle des actes et autres droits y joints, elles seront éteintes et comme non-avenues, à compter du jour de l'exécution du présent décret; mais les parties pourront se pourvoir de nouveau, tant à charge qu'à décharge, sous les formes et dans les délais prescrits par les articles précédens.

XXVI *et dernier*. Le présent décret sera porté à l'acceptation du roi; et pour en assurer la prompte exécution, il sera prié de nommer huit commissaires.

TARIF

DES DROITS D'ENREGISTREMENT

Qui seront perçus sur les Actes civils et judiciaires, et sur les Titres de propriété.

PREMIÈRE CLASSE.

PREMIERE SECTION.

Actes sujets aux Droits de CINQ SOUS par CENT LIVRES.

1°. LES cautionnemens faits et reçus en justice pour des sommes déterminées dans quelques tribunaux que ce soit.

2°. Les cautionnemens des trésoriers, receveurs et commis, pour sûreté des deniers qui leur sont confiés.

3°. Les billets à ordre, les baux de nourriture des enfans mineurs, à raison du prix d'une année, les quittances, les actes de remboursement de rente, et tous autres actes de libération qui expriment des valeurs, et les retraits de réméré qui sont exercés dans le délai stipulé, lorsqu'ils n'excèdent pas le terme de douze années, à compter du jour de la date du contrat d'aliénation.

4°. Les marchés et adjudications pour constructions, réparations, entretien, approvisionnemens et fournitures dont le prix doit être payé des deniers du trésor public, ou par les départemens, districts et municipalités.

5°. Les ventes et adjudications des coupes de bois nationaux, taillis ou futaies, à raison de ce qui en forme le prix.

6°. Les atermoiemens entre un débiteur et ses créanciers, lorsqu'ils lui feront la remise d'une partie aliquote du principal de leurs créances, à raison du montant des sommes que le débiteur s'oblige de payer.

7°. Les obligations à la grosse aventure et pour retour des voyages.

8°. Les contrats d'assurance, à raison de la valeur de la prime, et les abandonnemens faits en conséquence sur le pied de la valeur des objets abandonnés; mais en temps de guerre, les droits seront réduits à moitié.

9°. Les reconnoissances et les baux à chetel de bestiaux, d'après l'évaluation qui se trouvera dans l'acte, ou à défaut, d'après l'estimation qui sera faite du prix des bestiaux.

10°. Les baux de pâturages non excédant douze années, à raison du prix d'une année de location.

11°. Les expéditions des jugemens de tribunaux de commerce et de district, dont il résultera condamnation, liquidation, collocation, obligation, attribution ou transmission de sommes déterminées et valeurs mobiliaires, tant en principaux qu'intérêts et dépens liquidés, sans que dans aucun cas le droit puisse être moindre de vingt sous.

A l'égard des jugemens de condamnation et autres rendus par les tribunaux de districts, en matière d'imposition, le droit d'enregistrement auquel ils seront assujettis, ne pourra dans aucun cas excéder dix sous.

12°. Les déclarations que les héritiers, donataires éventuels et légataires en ligne directe seront tenus de fournir de la valeur entière des biens-immeubles réels ou fictifs qui leur seront échus en propriété, il ne sera payé que la moitié desdits droits pour les déclarations d'usufruit des mêmes biens, et il ne sera rien dû pour la réunion de l'usufruit à la propriété, lorsque le droit d'enregistrement aura été acquitté sur la valeur entière du titre de propriété.

13° Les legs de sommes et d'effets mobiliers en ligne directe.

SECONDE SECTION.

Actes sujets au droit de DIX SOUS *par* CENT LIVRES.

1º. Les contrats de mariage qui seront passés devant Notaires, et avant la célébration, quelques conventions que ces actes puissent contenir entre les futurs époux et leur pères et mères, à raison de toutes les sommes, biens et objets qui y seront désignés comme appartenant aux conjoints, ou leur étant donnés, cédés ou constitués en ligne directe. A l'égard des cessions et donations qui leur seront faites par des parens collatéraux, ou par des étrangers, les droits en seront perçus sur le pied de la quatrième section ci-après, si les objets en sont présens et désignés; et suivant la seconde classe, s'il s'agit de biens à venir.

Le droit d'enregistrement de ces contrats ne pourra être moindre au total de trente sols, et dans tous les cas, il pourra être réglé sur le pied, soit de la première, soit de la seconde classe.

2º. Les inventaires et les partages entre copropriétaires, qui seront passés devant Notaires ou au greffe, à raison des objet mobiliers inventoriés, et de tous les biens-meubles partagés; mais lorsqu'un partage aura été précédé d'un inventaire en forme authentique, il sera fait déduction des droits, jusqu'à concurrence des sommes payées lors de l'inventaire, pour raison des objets inventoriés qui entreront dans la masse du partage; et s'il y a soulte au partage, le droit sera perçu sur cette soulte sur le pied de la quatrième section ci-après.

3º. Les cautionnemens et indemnités de sommes et valeurs déterminées, non compris dans la section précédente.

4º. Les atermoiemens entre un débiteur et ses créanciers, sans remise sur les capitaux.

5º. Les donations, cessions et transmissions à titre gratuit d'usufruit de biens-meubles ou immeubles, qui auront lieu par des actes entre-vifs en ligne directe, autrement que par contrats et en faveur de mariage, à raison de la valeur entière des biens sujets à l'usufruit; à l'égard des ventes et cessions faites également en ligne directe et à titre onéreux des mêmes usufruits, les droits en seront payés sur le pied du prix stipulé suivant la quatrième section ci-après.

6°. Les déclarations que seront tenus de faire les époux survivans, des biens-immeubles dont ils recueilleront l'usufruit à titre de donation, droit de viduité, ou tous autres avantages usufruitiers accordés, soit par les loix et coutumes, soit en vertu des clauses insérées dans leurs contrats de mariage, par don mutuel ou par testament; et le droit résultant de ces déclarations, sera payé sur la valeur entière des biens sujets à l'usufruit.

7°. Les sociétés, marchés et traités autres que ceux dénommés dans la section précédente, composés de sommes déterminées et d'objets mobiliers désignés, et susceptibles d'évaluations.

TROISIÉME SECTION.

Actes sujets au droit de QUINZE SOUS par CENT LIVRES.

1°. Les contrats, transactions, sentences arbitrales, promesses de payer, arrêtés de comptes et autres actes qui contiendront obligation de sommes déterminées sans libéralité, et sans que l'obligation soit le prix de la transmission d'aucuns effets meubles ou immeubles.

2°. Les baux à ferme ou à loyer d'une seule année, à raison de ce qui en forme le prix.

3°. Les donations mutuelles et conventions réciproques de libéralités d'objets mobiliers déterminés, à l'exception de celles entre maris et femmes, en raison de toutes les sommes, et de la valeur des biens qui y seront compris; et lors de l'événement, il ne sera dû aucuns droits.

A l'égard des donations mutuelles et des dons éventuels qui ne comprendront que des biens-immeubles déterminés, les droits en seront payés sur le pied de la quatrième section des actes simples,

sans

sans préjudice des déclarations qui seront à fournir pour le paye-ment des droits proportionnels, lorsque ces donations auront leur effet.

4°. Les traités de mariage passés sous signatures privées, qui seront présentés à l'enregistrement dans le délai de six mois après leur date, et ceux qui seront passés devant notaires, après la célébration, dans les pays où ils sont autorisés par les usages, loix et coutumes, à raison des sommes, biens et objets qui seront énoncés comme ap-partenant aux conjoints, ou qui leur seront constitués en ligne di-recte, sans préjudice des droits exprimés dans la section précédente, sur les cessions et donations qui leur seroient faites autrement qu'en ligne directe.

QUATRIÉME SECTION.

Actes sujets au droit de VINGT SOUS par CENT LIVRES.

1°. Les reconstitutions de rentes dues par l'Etat, qui seront faites au profit des acquéreurs de ces rentes par cession ou transport, et toutes autres constitutions de rentes perpétuelles ou viagères.

2°. Les actes et procès-verbaux contenant vente, cession et adju-dication de biens-meubles, coupes de bois-taillis et futaies, autres que celles mentionnées en la première section, et de tous autres objets mobiliers, soit que ces ventes soient faites à l'enchère, par autorité de justice ou autrement, à raison de tout ce qui en forme le prix.

3°. Les actes, contrats et transactions passés par-devant les of-ficiers publics, qui contiendront entre copropriétaires, partage, li-citation, cession et transport de biens-immeubles, réels ou fictifs, à raison du prix de ce qui sera transporté aux cessionnaires.

4°. Les ventes, cessions, donations, démissions et transmissions de propriété de biens-immeubles réels ou fictifs, et les donations de sommes et objets mobiliers qui auront lieu par des actes entre-

Enregistrement. C

vifs en ligne directe, autrement que par contrat de mariage.

5°. Les échanges de biens-immeubles entre quelques personnes que ce soit, à raison de la valeur d'une des parts lorsqu'il n'y aura aucun retour; et toutes les fois qu'il y aura retour ou plus-value, le droit sera réglé à vingt sous par cent livres sur la moindre portion, et comme en vente sur le retour ou plus-value.

6°. Les engagemens conventionnels ou judiciaires, et contrats pignoratifs stipulés jusqu'à douze années inclusivement, en proportion du montant des créances.

7°. Les contrats et jugemens portant délaissement, déguerpissement, renvoi et rentrée en possession de biens immobiliers, faute de payement de la rente ou d'exécution des clauses du premier contrat, ou en vertu des retraits conventionnels; mais dans le cas où le contrat antérieur auroit été jugé radicalement nul, comme dans celui où il n'auroit pas été exécuté, soit par l'entrée effective de l'acquéreur en jouissance, soit par le payement du tout ou partie du prix, les droits ne seront payés que sur le pied de la quatrième section des actes de la troisième classe.

8°. Les déclarations que seront tenus de fournir dans les délais prescrits par l'article XII du décret, les frères et sœurs, oncles et neveux, héritiers, légataires ou donataires éventuels, des biens immeubles réels ou fictifs qui leur seront échus en usufruit; dont les droits seront payés à raison de la valeur entière de ces biens; et si par la suite ils réunissent la propriété à l'usufruit, à quelque titre que ce soit, les droits ne seront payés que sur l'estimation ou le prix de la propriété, déduction faite de l'usufruit.

A l'égard des ventes et cessions à titre onéreux des mêmes usufruits et des baux à vie, les droits en seront payés, savoir, pour les ventes et cessions, à raison du prix stipulé; et pour les baux à vie, à raison du capital au denier dix de la redevance, et suivant la sixième section ci-après.

9°. Les déclarations que seront tenus de fournir les survivans des époux, de tous les biens-immobiliers qui leur seront transmis

en propriété par donation et libéralité, à titre de reprise, de ré-
tention ou autrement, et des capitaux de rentes, pensions, sommes
et objets mobiliers qui leur seront échus à titre gratuit, en vertu
de leurs contrats de mariage, testamens ou autres dispositions,
sauf à déduire sur les droits ce qui aura été payé par le survivant
pour l'enregistrement du testament ou du don mutuel.

CINQUIEME SECTION.

Actes sujets au droit de TRENTE SOUS *par* CENT LIVRES.

1°. Les actes, soit entre-vifs ou à cause de mort, contenant dons
ou legs de sommes déterminées et de valeurs mobiliaires désignées
et susceptibles d'estimation, sauf à faire distration des sommes et
objets compris dans les legs et dispositions auxquels il aura été fait
renonciation à temps utile et par acte en forme.

2°. Les déclarations que seront tenus de faire les donataires et
légataires éventuels des sommes ou autres objets mobiliers qu'ils
auront recueillis par le décès des donateurs ou par l'événement
des autres conditions prévues, en vertu d'actes et contrats dont
le droit d'enregistrement n'aura été payé que sur le pied des actes
simples, conformément à l'article III du décret.

Sont exceptés les donations mutuelles, les dons et gains de sur-
vie entre maris et femmes, et les dispositions en ligne directe, dont
les droits sont réglés par les précédentes sections.

3°. Les déclarations que seront tenus de fournir les héritiers,
légataires et donataires éventuels, parens au troisième et quatrième
degré, des biens-immeubles réels ou fictifs qui leur seront échus en
usufruit, conformément au huitième paragraphe de la section précédente.

4°. Les baux à ferme ou à loyer au-dessus d'une année jusqu'à douze
inclusivement; et les sous-baux, les subrogations, cessions et rétrocessions desdits baux, à raison du prix d'une année de location.

C 2

5°. Les baux de pâturages excédant douze années jusqu'à trente inclusivement.

SIXIEME SECTION.

Actes sujets au droit de QUARANTE SOUS par CENT LIVRES.

1°. Les ventes, adjudications, cessions, rétrocessions, les licitations portant adjudications à d'autres que les copropriétaires de biens-immeubles, réels ou fictifs, les déclarations de command, d'ami, ou autres de même nature, faites après les six mois du jour des acquisitions, les engagemens et contrats pignoratifs au-dessus de douze années, les baux à rente et ceux au-dessus de trente ans, ou à vie sur plus d'une tête.

2°. Les donations entre-vifs et les mutations de biens-immeubles opérées par succession, testament ou don éventuel entre frères et sœurs, oncles et neveux.

Lorsque le vendeur ou donateur se réservera l'usufruit, le droit sera acquitté sur la valeur entière de l'immeuble, mais il ne sera dû aucun nouveau droit pour la réunion de l'usufruit à la propriété.

Dans le cas où la vente comprendroit des biens-meubles et immeubles, le droit sera perçu sur le tout, ainsi qu'il est réglé par la présente section, s'il n'est stipulé pour les meubles un prix particulier.

3°. Les déclarations que seront tenus de fournir les parens au-delà du quatrième degré et les étrangers, des biens-immeubles réels ou fictifs qui leur seront échus en usufruit.

SEPTIÉME SECTION.

Actes sujets au droit de TROIS LIVRES par CENT LIVRES.

1°. Les donations entre-vifs et les mutations de propriété de biens-immeubles, opérées par succession, testament et don mutuel entre parens au troisième et quatrième degré.

2°. Les baux à ferme ou à loyer au-dessus de douze années jusqu'à trente inclusivement.

Les mêmes droits seront payés pour les sous-baux, subrogations, cessions et rétrocessions desdits baux, s'ils doivent durer encore plus de douze années.

A l'égard des contre-lettres qui seront passées, soit sur des baux, soit sur d'autres actes et contrats, les droits en seront perçus à raison des effets qui en résulteront; savoir, sur le pied de la quatrième section des actes simples, lorsqu'il s'agira seulement de réduire ou de modifier les conventions stipulées par des actes antérieurs qui auront été enregistrés.

Et à raison du triple des droits fixés par le présent tarif, sur toutes les sommes et valeurs que la contre-lettre ajoutera aux conventions antérieurement arrêtées par des actes en forme.

Pour tous les actes de la première classe, dont les sommes et valeurs n'excéderont pas cinquante livres, il ne sera perçu que la moitié du droit fixé pour cent livres dans chaque division.

HUITIEME SECTION.

Actes sujets au droit de QUATRE LIVRES par CENT LIVRES.

Les donations entre-vifs et les mutations de propriété de biens-immeubles, opérées par succession, testament et don éventuel entre parens au-delà du quatrième degré, et entre étrangers.

SECONDE CLASSE.

Actes dont le droit est réglé en raison du revenu présumé et évalué d'après la cotte d'habitation dans la contribution personnelle des contractans.

1°. Les testamens et actes de dernière volonté, lorsqu'ils contiendront institution d'héritier, legs universel de biens-meubles ou immeubles, sans transmission ni acceptation, à raison d'un seul droit pour chaque testateur ou instituant, en quelque nombre que soient les héritiers ou légataires.

Dans le cas où le testateur auroit fait plusieurs testamens ou codiciles, les droits de seconde classe ne seront perçus que sur l'un de ces actes; ils seront réglés pour les autres, en raison de la quatrième section des actes de la troisième classe.

Seront réputés legs universels, ceux qui s'étendront sur la totalité des biens du testateur, meubles ou immeubles, ou sur un genre de biens propres, acquêts ou conquêts.

Seront réputés legs particuliers et sujets aux droits des actes de la première classe, sur les déclarations estimatives, ceux qui comprendront des objets mobiliers désignés par leur espèce ou leur situation, quand même la consistance ou la quantité n'en seroit pas déterminée, tels que les legs de la totalité des livres, linges et habits, armes, ustensiles du testateur, des meubles garnissant une chambre ou une maison, et autres semblables.

2°. Les donations éventuelles d'objets indéterminés, les rappels à succession, promesses de garder succession, les institutions contractuelles et autres dispositions de biens à venir, contenues dans les actes entre-vifs.

3°. Les substitutions et les exhérédations, tant qu'elles subsisteront, soit qu'elles soient faites par acte entre-vifs, ou à cause de mort.

Il ne sera perçu qu'un droit pour celles faites par une personne dans le même acte; et si la substitution est de biens désignés susceptibles d'évaluation, qui donneront ouverture à un moindre droit en le réglant sur le pied des valeurs, telle qu'elle est fixée par la quatrième section de la première classe, il sera dans ce cas perçu sur ce pied.

4°. Tous les actes compris dans les précédentes dispositions de la seconde classe, ne seront assujettis qu'au demi-droit, toutes les fois qu'ils seront faits en ligne directe.

5°. Les contrats de mariage dont le droit n'aura pas été réglé sur le montant des constitutions dotales, conforméiment à l'option réservée par la seconde section des actes de la première classe.

6°. Les dons mutuels entre maris et femmes.

Dans tous les cas ci-dessus exprimés, il sera fait déclaration du montant de la cotte d'habitation dans la contribution personnelle des contractans, ou des personnes dont l'imposition devra servir à fixer les droits, d'après les rôles qui auront immédiatement précédé la date des actes entre-vifs, et la présentation au bureau des actes de dernière volonté, à l'effet d'établir la perception conformément au présent tarif : faute de cette déclaration, il sera perçu provisoirement une somme de cent livres; mais les parties auront alors la faculté de justifier de la somme de ladite contribution pendant une année, à compter du jour de l'enregistrement. Les droits seront réduits en conséquence, et l'excédant sera restitué, sans que l'on puisse être dispensé de payer le supplément qui seroit demandé par le préposé, en vertu desdits rôles, dans le cas où il en résulteroit un droit qui surpasseroit la perception provisoire ci-dessus établie.

Les contrats de mariage dont le droit sera perçu sur les revenus présumés des contractans, d'après la cotte d'habitation, seront de plus assujettis au payement des droits sur les dispositions faites en faveur des conjoints par des collatéraux ou des étrangers.

La perception du droit sur les revenus présumés, ne sera assise que sur ceux du futur seulement ; et dans le cas où il ne seroit pas imposé personnellement, l'assiette du droit se fera à raison du revenu présumé du père, pour la moitié seulement, si le futur est seul héritier ; et dans le cas où le futur auroit des frères et sœurs, pour une portion de cette moitié, relative au nombre d'enfans existans lors du contrat de mariage.

La même règle aura lieu pour les autres actes sujets au droit de la seconde classe, lorsqu'ils seront passés par des enfans de famille qui ne seront pas imposés personnellement.

Les actes de cette seconde classe, qui seront passés par des personnes non imposées à la contribution personnelle, à cause de la modicité de leurs facultés, ne seront sujets qu'au droit de Trente sous.

Enfin, les étrangers payeront les mêmes droits ; et dans les cas où ils n'auroient pas été imposés à la contribution personnelle, le droit sera réglé sur la déclaration qu'ils seront tenus de faire de leurs revenus.

TROISIÈME CLASSE.

PREMIÈRE SECTION.

Actes sujets au droit fixe de CINQ sous.

1°. Les lettres de voiture passées devant les officiers publics, à raison d'un droit pour chaque personne à qui les envois seront adressés.

2°. Les engagemens de matelots, gens de mer et d'équipage, et les quittances de leurs salaires, qu'ils donneront aux armateurs à leur retour de leurs voyages, à raison d'un droit pour chaque engagement ou quittance, et sans égard aux sommes qui seront désignées dans ces actes.

3°. Chaque exploit ou signification fait entre les défenseurs des parties, ou qui aura pour objet le recouvrement des contributions directes ou indirectes, même des contributions locales ; et toutes les contraventions aux règlemens généraux de police ou d'impôt, tant en action qu'en défense, suivant les principes qui seront exposés ci-après à la troisième section, relativement aux droits d'enregistrement des exploits.

SECONDE

SECONDE SECTION.

Actes sujets au droit fixe de DIX *sous.*

1°. Les procès-verbaux de délits et contraventions aux règlemens généraux de police ou d'imposition, lesquels seront enregistrés, à peine de nullité, dans les quatre jours qui suivront celui de leur date, et avant qu'aucun huissier puisse en faire la signification.

Si la signification est faite par le procès-verbal et dans le même contexte, il ne sera perçu que le droit réglé par la présente section, tant pour le procès-verbal que pour la signification à un seul délinquant ; et s'il y a plusieurs délinquans, les droits des significations faites au second et aux suivans, seront perçus, outre celui du procès-verbal, ainsi qu'ils sont réglés par la précédente section.

2°. Les connoissemens ou reconnoissances de chargement par mer, à raison d'un droit par chaque personne à qui les envois seront adressés.

3°. Les extraits ou copies collationnées d'actes et contrats par les officiers publics, à raison d'un droit par chaque pièce.

4°. Les expéditions des jugemens qui seront rendus en matière de contributions, de délits et contraventions.

Les jugemens préparatoires ou définitifs rendus en matière criminelle, sur la poursuite du ministère public, sans partie civile, et les expéditions qui en seront délivrées, seront exempts de la formalité et du droit d'enregistrement.

TROISIÉME SECTION.

Actes sujets au droit fixe de QUINZE *sous.*

1°. Les quittances de rachat de droits féodaux, conformément à l'article LIV du décret de l'assemblée nationale, du 3 mai 1790.

2°. Les exploits et significations des huissiers et autres ayant droit de faire des notifications en forme, tant en matière civile que criminelle

Enregistrement. D

minelle, à l'exception des exploits désignés dans la première section ci-dessus; et de ceux qui contiennent déclaration d'appel, dont les droits seront réglés par les sections suivantes.

Les exploits ne seront sujets qu'à un seul enregistrement, mais le droit sera perçu pour chaque personne requérante ou à qui la signification sera faite, sans qu'il puisse être perçu, en total, plus de cinq droits sur un exploit ou procès-verbal fait dans un seul jour et pour le même fait.

Les copropriétaires et cohéritiers, les parens réunis pour donner leurs avis, les débiteurs ou créanciers associés ou solidaires, les séquestres, les experts et les témoins, ne seront comptés que pour une seule personne, soit en demandant, soit en défendant.

Les exploits et significations qui seront faits à la requête du ministère public, sans jonction de partie civile, soit par les huissiers, soit par les brigadiers et cavaliers de maréchaussée, et autres dépositaires de la force publique pour la poursuite des crimes et délits, seront enregistrés gratis.

QUATRIÈME SECTION.

Actes sujets au droit fixe de VINGT SOUS.

Les actes et contrats qui ne contiendront que des dispositions préparatoires et de pure formalité, tels que les procurations, les compromis et nominations d'experts ou arbitres, les simples décharges, les partages d'immeubles sans soulte ni retour, les procès-verbaux, autres que ceux désignés en la seconde section, les déclarations et consentemens purs et simples, les actes de notoriété, certificats de vie, affirmations, certificats, attestations, oppositions, protestations, ratifications d'actes en forme, les abstentions et renonciations à communauté, successions ou legs, à raison d'un droit pour chaque succession ou legs, les assemblées de parens ou d'habitans, les autorisations, les délivrances de legs, les actes de respect ou sommations respectueuses, quel que soit l'officier public qui

en fera la notification, à l'exception de ceux signifiés par les huissiers, les désistemens de demandes ou d'appel avant le jugement,
les résiliemens de marchés et de toute espèce de conventions, avant
que leur exécution ait été entamée, même celles des contrats de
vente d'immeubles, avant que l'acquéreur soit entré en jouissance
ou en payement du prix de l'acquisition, et les déclarations de
command-d'ami, faites dans les six mois qui suivront les ventes et
adjudications en vertu de réserves expressément stipulées par les
contrats et jugemens, et aux mêmes conditions que l'acquisition.

Les titres-nouvels, les actes de prise de possession, les dépôts et
consignations chez les officiers publics, et généralement tous les actes
et contrats qui ne contiendront que l'exécution, le complément
et la consommation de contrats antérieurs et immédiats, soumis à
la formalité, sans qu'il intervienne aucunes personnes désintéressées dans les premières conventions ; néanmoins les droits des actes
ci-dessus énoncés, ne pourront excéder ceux qui auront été perçus
sur les contrats précédens auxquels ils auront rapport.

3º. Les dons éventuels d'objets déterminés, et les donations mutuelles qui ne comprendront que les biens-immeubles présens et
désignés.

4º. Les actes qui opéreront la réunion de l'usufruit à une propriété, dont le droit aura été acquitté sur la valeur entière de
l'objet.

5º. Les actes refaits pour nullité ou autres causes sans aucuns changemens qui ajoutent aux objets des conventions ou à leur valeur.

6º. L'enregistrement de formalité des donations entre-vifs, lorsqu'il sera requis dans des bureaux différens de ceux où les contrats
auront été enregistrés pour la perception.

7º. Les expéditions des jugemens et autres actes judiciaires, passés
aux greffes et à l'audience, qui sont simplement préparatoires, de
formalité ou d'instruction, excepté ceux des juges de paix qui sont
déclarés exempts de tous droits d'enregistrement, et ceux des tri-

bunaux de district en matière de contribution, qui sont désignés dans la seconde section.

8°. Les secondes expéditions des jugemens des tribunaux de district, lorsque les premières auront acquitté le droit proportionnel.

9°. Enfin tous les actes civils et judiciaires qui ne pourront recevoir d'application positive à aucune des autres classes ou sections du présent tarif.

CINQUIÉME SECTION.

Actes sujets au droit fixe de QUARANTE SOUS.

Les expéditions des actes judiciaires portant nomination de tuteurs et curateurs, commissaires, directeurs ou séquestres, apposition ou reconnoissance de scellés pour chaque vacation, clôture d'inventaire, celle des jugemens qui donnent acte d'appel, d'affirmation, acquiescement, qui ordonnent qu'il sera procédé à partage, vente, licitation, inventaire portant reconnoissance ou maintien d'hypothèque, conversion d'opposition en saisie, débouté d'appel ou d'opposition, décharge de demande, déclinatoire, publication judiciaire de donations, entérinement de lettres, de procès-verbaux et rapports, sans qu'il en résulte partage effectif ou mutation; enfin ceux qui portent main-levée d'opposition ou de saisie-maintenue en possession, nantissemens, soumission et exécution de jugement, les acceptations de succession et de legs qui n'ont pas une valeur déterminée, à raison d'un droit pour chaque legs ou succession, et généralement tous les actes et jugemens définitifs des tribunaux de districts, rendus contradictoirement ou par défaut, en première instance, et qui ne sont pas applicables à la première classe.

SIXIEME SECTION.

Actes sujets au droit fixe de TROIS LIVRES.

1°. Les transactions en matière criminelle pour excès, injures et mauvais traitemens, lorsqu'elles ne contiendront aucune stipulation de dommages-intérêts ou de dépens liquidés, qui donnent lieu à des droits proportionnels plus considérables.

2°. Les indemnités dont l'objet n'est pas estimé.

3°. Les significations et déclarations d'appel au tribunal de district, des sentences rendues par les juges de paix.

SEPTIEME SECTION.

Actes sujets au droit fixe de SIX LIVRES.

1°. Les abandonnemens de biens pour être vendus en direction , les contrats d'union et de direction de créanciers , les actes et jugemens portant émancipation, bénéfice d'âge ou d'inventaire et rescision , en quelque nombre que soient les impétrans.

2°. Les sociétés et traités dont les objets ne seront pas susceptibles d'évaluation, les actes qui en stipulent la dissolution, et les inventaires de titres et papiers, lorsqu'ils seront séparés de l'inventaire du mobilier de la succession ou de l'absent, et qu'ils énonceront des titres concernant la propriété des immeubles.

3°. Les significations et déclarations d'appel des jugemens des tribunaux de districts.

4°. Les expéditions des jugemens définitifs rendus sur appel, et dont les objets ne seront ni liquidés ni évalués.

HUITIEME SECTION.

Actes sujets au droit fixe de DOUZE LIVRES.

1°. Les actes et les expéditions des jugemens portant interdiction ou séparation de biens entre maris et femmes, sauf à percevoir sur le montant des condamnations et liquidations, dans les cas où celles prononcées par le jugement donneroient ouverture à de plus grands droits.

2°. Le premier acte portant notification de recours au tribunal de cassation, et les expéditions des jugemens de cette cour.

Dispositions relatives aux actes sous signatures privées.

Tous les droits établis dans les classes et sections du présent tarif, seront perçus sur tous les actes faits sous seing privé, lorsqu'ils seront présentés à l'enregistrement, suivant la classe et la section à laquelle ils appartiendront, sauf le double droit pour les actes de la première classe seulement, et dans les cas exprimés par la loi.

TITRE DES EXCEPTIONS.

Il ne sera payé que la moitié des droits fixés par le tarif, tant sur les actes de la première, que sur ceux de la seconde et de la troisième classe, pour tout ce qui appartiendra et sera délivré, adjugé ou donné par ventes, donations ou libéralités, legs, transactions et jugemens en faveur des hôpitaux, écoles d'instruction et d'éducation, et autres établissemens publics de bienfaisance.

L'assemblée nationale se réserve au surplus de statuer sur la fixation des droits qui seront payés pour les acquisitions, à quelque titre que ce soit, de biens-immeubles réels ou fictifs, qui pourront être faites par les hôpitaux, colléges, académies et autres établissemens permanens, et sur les formalités qui seront nécessaires pour autoriser ces acquisitions.

L'assemblée se réserve également de statuer sur les hypothèques, et sur les droits auxquels elles donnent lieu, lesquels seront provisoirement perçus comme au passé.

Toutes les acquisitions de Domaines nationaux faites par les Municipalités, les ventes, reventes, adjudications et subrogations qu'elles en feront, ensemble les actes d'emprunts de deniers pour parvenir auxdites acquisitions, avec affectation de privilége sur lesdits fonds, soit de la part des Municipalités, soit de la part des particuliers, en faisant d'ailleurs la preuve de l'emploi réel et effectif des deniers en acquisition de fonds nationaux, ainsi que les quittances relatives au payement du prix des acquisitions, seront enregistrés, sans être assujettis à autre droit que celui de quinze sous, et ce, pendant les quinze années accordées par le Décret du 14 mai dernier.

Toutes les acquisitions des mêmes domaines, faites par des particuliers, la vente et cession qu'ils en feront, et les actes d'emprunts faits pour les causes et aux conditions portées ci-dessus, ne seront pareillement assujettis qu'au droit d'enregistrement de quinze sous pendant les cinq années accordées par le décret des 25, 26 et 29 juin dernier.

Décret portant exemption du droit d'enregistrement pour les quittances de liquidation et remboursement des offices.

Du 10 février 1791. — 18 *du même mois.*   N°. 586.

L'assemblée Nationale informée par son Comité de Judicature, que les bureaux nouvellement établis pour la perception du droit d'enregistrement, veulent exiger ce droit sur les quittances de liquidation et remboursement des Offices, sous le prétexte que le Décret du 28 novembre dernier, sanctionné le 10 décembre, ne porte que la dispense du contrôle, et considérant qu'à l'époque du 28 novembre, le droit d'enregistrement n'étoit pas encore établi, et qu'il ne l'est qu'en remplacement de celui de contrôle ;

Décrète que l'exemption prononcée du droit de contrôle par les articles sept, douze et treize de son Décret du 28 novembre dernier, doit s'entendre également du droit d'enregistrement.

N.º 1329. *Décret additionnel à la loi du* 19 *Décembre* 1790 *, sur le droit d'enregistrement.*

Du 29 septembre 1791. — 9 *octobre suivant.*

Articles additionnels à la loi du 19 *décembre* 1790 *, sur le droit d'enregistrement.*

ARTICLE PREMIER.

Addition à l'article II.

Les pères qui viendront à l'administration et jouissance que quelques coutumes leur donnent, des biens appartenans aux enfans non émancipés, en vertu de la simple puissance paternelle, ne devront aucun droit ; et il n'y aura pas lieu pour eux à la déclaration prescrite par l'article II,

Addition à l'article IV.

II. La déduction accordée au propriétaire par l'article IV, aura lieu également en faveur de l'usufruitier.

Addition à l'article VIII.

III. Lorsque les testamens n'auront pas été présentés à l'enregistrement dans le délai de trois mois après la mort des testateurs ou de l'ouverture des testamens, suivant l'article VIII de la Loi du 19 décembre dernier, les préposés de la régie pourront contraindre les notaires qui les auront reçus, à les présenter au bureau, et poursuivre le payement des droits contre les héritiers et légataires qui auront mis le testament à exécution.

Ne pourront dans tous les cas, les héritiers et les légataires, mettre à exécution, en tout ou en partie, les testamens avant qu'ils ayent été enregistrés, à peine du double droit en cas de contravention,

Addition

Addition à l'article IX.

IV. Les huissiers comme les notaires seront tenus, à défaut d'enregistrement des procès-verbaux de vente de meubles, ou autres actes sujets au droit proportionnel, de la restitution du droit, sans préjudice de l'amende de dix livres pour chaque omission.

Addition à l'article X.

V. Toutes citations faites devant les juges de paix sans distinction de celles faites par les huissiers où par les greffiers, ne seront assujetties ni à la formalité ni au droit d'enregistrement.

Addition à l'article X.

VI. Les jugemens des juges des paix seront enregistrés sur les minutes, lorsqu'ils contiendront transmission des biens-immeubles, réels ou fictifs, les appositions des scellés, les inventaires, les émancipations, les actes de tutelle faits par les juges de paix, seront aussi enregistrés. Les jugemens et expéditions des jugemens préparatoires des juges de paix, ne seront assujettis à aucune formalité. Les expéditions des jugemens définitifs et l'exploit de notification de ces jugemens, seront enregistrés et assujettis au seul droit de cinq sous.

VII. Les décisions des tribunaux de famille seront assujetties aux mêmes droits que les jugemens des tribunaux de district, sans pouvoir être assujetties à plus grands droits.

Addition à l'article X.

VIII. Les certificats des bureaux de paix ne seront pas sujets à l'enregistrement.

Addition à l'article XI.

IX. Les billets à ordre ou au porteur pourront n'être présentés à l'enregistrement qu'avec le protêt qui en aura été fait.

Enregistrement.   E

Addition à l'article XI.

X. Les actes passés en pays étrangers ou dans les colonies, seront sujets à la formalité de l'enregistrement dans tous les cas où les actes sous signatures privées y sont assujettis, et dans les mêmes délais et sous la même peine.

Addition à l'article XI.

XI. La date des actes sous signatures privées ne pourra être opposée pour preuve de prescription, contre la demande des droits ouverts par la transmission d'immeubles réels ou fictifs.

Addition à l'article XII.

XII. Le délai de six mois fixé par l'article XII pour les déclarations, sera d'un an pour les héritiers, légataires ou donataires des personnes décédées hors du royaume ; et pour les héritiers des absens, le délai de six mois ne commencera à courir que du jour qu'ils auront pris la succession ; et en cas de retour de l'absent, les droits seront restitués.

Addition à l'article XII.

XIII. Les rentes constituées et les rentes viagères seront à l'avenir assujetties, dans tout le royaume, aux droits d'enregistrement fixés sur les immeubles fictifs.

Addition à l'article XVI.

XIV. Les notaires et autres officiers publics qui se trouveront en contravention aux dispositions des articles X et XI, seront assujettis à payer deux fois le montant des droits des actes qui n'auront point reçu la formalité de l'enregistrement.

Addition de l'article XVII.

XV. Les préposés ne pourront exiger des parties, pour les recherches et pour les extraits qui leur seront demandés, que dix sous par année indiquée , et cinq sous par extrait , ycompris le papier timbré.

Ces extraits né pourront être délivrés que sur une ordonnance du juge , lorsqu'ils ne seront pas demandés par quelqu'une des parties contractantes ou leurs ayant-causes.

Addition à l'article XXV.

XVI. La prescription des droits dûs sur des actes publics, antérieurs à la loi du 19 décembre dernier , et non insinués , aura lieu après cinq ans à compter du jour de leur date.

Addition à l'article XXV.

XVII. La forme de procédure prescrite par l'article XXV de la loi du 19 décembre , sera suivie pour toutes les instances relatives aux domaines et droits dont la régie est réunie à celle de l'enregistrement.

XVIII. Toutes les quittances de remboursement d'offices, dettes arriérées et autres créances sur le trésor public, exceptées de la formalité et du droit d'enregistrement par le décret du 3 avril 1791 , seront enregistrées dans le délai fixé par la loi , mais au simple droit de cinq sous, pour simple formalité.

SUR LE TARIF.

ARTICLE PREMIER.

Addition au Nº. III de la seconde section de la première classe.

Les droits d'enregistrement sur les cautionnemens, ne pourront en aucun cas excéder ceux perçus sur les dispositions qu'ils ont pour objet.

Addition au Nº. VI de la seconde section de la première classe.

II. Les déclarations prescrites, à la seconde section de la première classe, aux époux survivans, des biens dont ils recueillent l'usufruit, comprendront les biens-meubles comme les immeubles.

Addition au N°. Ier. de la sixième section de la premiere classe.

III. Les droits sur les baux à vie, soit qu'ils soient sur une ou plusieurs têtes, sont fixés à quarante sous par cent livres, sur le capital au denier dix.

Addition au N°. III de la septième section de la troisieme classe.

IV. Les significations et déclarations d'appel des jugemens au tribunal de district, qui doit juger en dernier ressort.

Article additionnel à l'article i^{er.} de la Loi du 17 juin 1791.

Les registres ou minutes sur lesquels les greffiers de tous les tribunaux porteront les adjudications, les cautionnemens, les affirmations de voyage, les représentations et les défauts, les enregistremens et publications des testamens, donations, substitutions, des extraits des contrats déposés à l'effet d'obtenir les lettres de ratification, seront assujettis au timbre.

Les minutes des procès-verbaux d'apposition et levée des scellés, d'inventaire, d'émancipation, de tutelle et curatelle, seront assujetties au timbre.

Chacun des quatre-vingt-trois Directeurs de l'enregistrement, domaines et droits réunis, sera tenu de demeurer dans la ville chef-lieu du département.

Décret qui assujettit à la formalité de l'enregistrement, les effets publics au porteur.

N°. 2310.

Du 27 août 1792. — 30 *du même mois.*

L'assemblée Nationale après avoir entendu le rapport de son comité de l'ordinaire des finances, et trois lectures du présent décret, considérant qu'il est de toute justice que les citoyens contribuent en proportion de leur fortune aux charges de l'Etat ; qu'il est du devoir des législateurs d'employer les moyens d'atteindre celles des propriétés mobiliaires qui, par leur nature, échappent le plus facilement à l'impôt ; empressée de procurer au trésor public toutes les ressources dont elle peut disposer sans blesser l'égalité proportionnelle qui doit exister dans la distribution des contributions publiques, comme aussi de s'assurer la connoissance des propriétés appartenant aux françois émigrés ; après avoir décrété qu'elle est en état de délibérer définitivement, décrète ce qui suit.

Article premier.

Les effets publics au porteur, soit ceux sur l'Etat, tels que les anciennes actions des Indes, les quittances de finances au porteur, les bordereaux ou reconnoissances de l'emprunt par annuité de cent vingt-cinq millions, et de celui de quatre-vingt millions, soit ceux des compagnies et sociétés d'actionnaires, comme les actions de la caisse d'escompte, de la nouvelle compagnie des Indes, celles des assurances contre les incendies, des assurances à vie, des eaux de Paris, et généralement tous effets publics susceptibles d'être négociés, seront sujets à la formalité de l'enregistrement établi par la loi du 19 décembre 1790, et les droits en seront payés ; savoir : pour les cessions et transports à titre onéreux, sur le pied de quinze sous par cent livres, conformément à la troisième section de la première classe du tarif annexé à ladite loi ; et en cas de succession, et pour les legs et dons qui en seront faits, sur le pied et dans la forme réglée par le tarif et la loi de l'enregistrement pour les successions, legs ou donations des immeubles fictifs.

II. Tous propriétaires et porteurs desdits effets seront tenus, dans le délai d'un mois après la publication du présent décret, de les faire viser par les receveurs du droit d'enregistrement, qui ouvriront un registre à cet effet, et feront mention, tant sur ledit registre que sur les effets mêmes, des noms, professions et domicile des propriétaires. L'enregistrement portera en outre l'énonciation de la nature de l'effet, le montant et le numéro.

III. Le *visa* et l'enregistrement sur ledit registre seront faits sans frais.

IV. Aucun desdits effets ne pourra être cédé ni transporté sans un endossement, lequel contiendra la date du transport, le prix convenu, les noms, professions et domiciles du cessionnaire; il ne pourra être signé en blanc : le tout à peine d'une amende égale au montant de l'effet, payable solidairement, moitié par le cédant, moitié par le cessionnaire.

V. Chaque endossement ou transport sera fait sur l'effet timbré, conformément à l'article XV de la loi du 11 février 1791, et soumis à l'enregistrement dans les vingt jours qui suivront sa date, et avant qu'il soit fait aucun transport subséquent; à ce défaut le porteur pourra être contraint au payement du triple droit d'enregitrement.

VI. Le porteur de l'effet demeurera garant et responsable sauf son recours, du payement des droits et triple d'iceux, pour les mutations antérieures à sa possession, faute par lui d'avoir vérifié si l'effet étoit en règle avant de le recevoir.

VII. Les délais fixés pour le *visa* des effets publics, stipulés au porteur, et pour la présentation au bureau d'enregistrement des cessions et transports qui en sont faits, seront pour les personnes qui se trouveront hors l'étendue du territoire François; savoir, pour ceux qui seront en Europe, de trois mois; pour ceux en Amérique et sur les côtes d'Afrique, d'un an; et pour ceux qui sont au-delà du cap de Bonne-Espérance, de deux années, à la charge par eux de rapporter la preuve légale de leur absence, laquelle demeurera annexée à l'enregistrement.

VIII. Tous ceux desdits effets qui n'auront pas été visés dans les délais fixés par les articles ci-dessus, sont déclarés de nulle valeur, pour ceux dont le montant est dû par le trésor public; quant aux effets dus par des sociétés d'actionnaires, la confiscation en sera prononcée au profit du trésor public, d'après les états à remettre par les directeurs desdites compagnies, conformément à l'article XIX ci-après, et la comparaison qui en sera faite au registre du *visa*.

IX. Les tuteurs, curateurs, notaires, receveurs des consignations, et tous autres dépositaires desdits effets, seront tenus de les faire viser dans les délais prescrits, à peine de répondre personnellement envers les propriétaires, de la nullité prononcée à l'article précédent.

X. Pour éviter les fraudes qui pourroient se commettre contre les dispositions du présent décret, toute procuration qui sera donnée à l'effet de recevoir le remboursement des borderaux, coupons et autres effets stipulés au porteur, contiendra le nom des mandataires, sous les peines portées à l'article IV; le droit d'enregistrement en sera perçu comme pour les transports sur le pied réglé à l'article Ier, et le receveur fera mention sur l'effet, tant du droit perçu, que des noms, professions et domicile du mandataire.

XI. Si la procuration est donnée à l'effet de céder et transporter lesdits borderaux et effets, le nom du mandataire sera pareillement exprimé sous ladite peine; et s'il y a remise des effets, le droit d'enregistrement sera perçu comme pour les transports, sauf à rendre le droit pour ce qui excédera celui des simples procurations, lorsque le mandataire justifiera du compte qu'il aura rendu du prix desdits effets, par acte devant notaire.

XII. Toute personne qui se trouveroit nantie d'un ou plusieurs effets publics au porteur et qui n'en seroit pas propriétaire direct, soit en conformité de la déclaration qu'elle aura faite pour le *visa*, soit en vertu de l'endossement prescrit par l'article IV, sera condamnée à une amende égale à la valeur desdits effets, indépendamment de leur nullité ou de leur confiscation, prononcée au profit du trésor public.

XIII. Seront exceptés de la disposition du précédent article les banquiers, agens et courtiers de change pourvus de patentes, ainsi que les notaires, pour les effets qui se trouveront enregistrés sur le registre-journal timbré et paraphé qu'ils seront obligés de tenir, avec énonciation des noms, professions et demeures des propriétaires.

XIV. Lesdits notaires, banquiers, agens et courtiers de change ne pourront recevoir le dépôt desdits effets, ni les négocier, s'ils n'ont été visés, et si tous les endossemens ne sont préalablement enregistrés, à peine de nullité des transports qui en seroient faits et d'une amende égale au montant desdits effets au porteur.

XV. Il leur est ordonné de porter sur le registre énoncé à l'article XIII, toutes les négociations de ces effets, avec mention de leur nature et de leur numéro, des noms, professions et domiciles de l'une et de l'autre des parties, de la date et du prix des cessions, et communiquer ce registre lorsqu'ils en seront requis, pour l'année courante et la précédente, à compter de la publication du présent décret, aux préposés de la régie nationale de l'enregistrement, sous peine d'une amende de trois cents livres en cas de refus, et pour chaque omission sur ledit registre.

XVI. Les payeurs desdits effets seront tenus, à peine d'en répondre personnellement, de n'acquitter, soit les intérêts ou dividendes, soit le tout ou partie du capital, que sur l'acquit du dernier cessionnaire et sur la représentation de l'effet dûment visé, et après que tous les endossemens qui y seront portés, auront été enregistrés.

XVII. Lesdits payeurs seront aussi tenus, lorsqu'ils en seront requis, de communiquer les journaux et registres qu'ils tiendront à l'avenir, pour l'année lors courante et la précédente, aux préposés de l'enregistrement; et en cas de refus, ils seront condamnés à une amende de trois cents livres.

XVIII. Les receveurs de l'enregistrement, qui auront enregistré un transport ou endossement, sans que les précédens ayent été enregistrés, ou qui n'auront pas perçu le triple droit pour ceux présentés

sentés après le délai, seront personnellement garans des omissions, sauf la peine de destitution en cas de récidive.

XIX. Dans le mois de la publication de la présente loi, les directeurs et administrateurs des compagnies qui ont émis des effets au porteur, seront tenus de remettre aux régisseurs de l'enregistrement un état des actions qu'elles ont émises et qu'elles n'auront pas retirées de la circulation.

XX. Ceux desdits effets stipulées au porteur, qui sont émis ou le seront à l'avenir par des compagnies et sociétés d'actionnaires, seront soumis à la contribution du quart comme les immeubles réels; les directeurs et payeurs de ces compagnies, feront la retenue dudit quart aux parties prenantes, sur les intérêts, dividendes et bénéfices qui leur reviendront, et seront tenus d'en compter le montant total au trésor public, dans le mois de l'échéance; ils remettront en même temps aux commissaires de la trésorerie nationale et au ministre des contributions publiques, des états certifiés desdits intérêts et bénéfices, le tout à peine d'une amende de mille livres.

XXI. Les possesseurs des effets énoncés à l'article précédent, sont autorisés à faire pour la fixation de leur contribution mobiliaire, la déduction de leur revenu provenant desdits effets, en justifiant de la retenue que le payeur leur aura faite de la contribution du quart, ainsi et de même qu'il en est usé pour la contribution foncière.

XXII. Ne sont pas compris dans les dispositions du présent décret les simples billets au porteur, faits par des compagnies ou par des particuliers, et pris de gré à gré pour comptant dans le commerce, lesquels continueront d'être assujettis au timbre, et ne sont susceptibles de la formalité de l'enregistrement, que dans les cas prévus par la loi pour les actes sous signature privée.

Enregistrement.   F

N.º530. *Articles additionnels à la loi du 27 août dernier, relative à l'en-registrement des effets au porteur.*

Du 17 septembre 1792. — *Même jour.*

M. Boignoux, rapporteur du comité de l'ordinaire des finan-ces, propose, et l'assemble adopte des articles additionnels à la loi du 17 août dernier, relative à l'enregistrement des effets aux por-teur.

L'assemblée Nationale considérant qu'il est nécessaire d'ajouter à la loi du 27 août dernier, concernant l'enregistrement des effets au porteur, quelques dispositions pour en rendre l'exécution plus facile aux agens du trésor public, décrète qu'il y a urgence.

L'assemblée Nationale, après avoir décrété l'urgence, décrète ce qui suit :

ARTICLE PREMIER.

Les payeurs des coupons d'intérêts des emprunts publics, pour-ront ne pas tenir les journaux et registres mentionnés en l'article XVII de la loi du 27 août 1792; mais alors ils seront tenus de communiquer les coupons d'intérêts par eux acquittés dans l'année lors courante et la précédente, aux préposés de l'enregistrement à leur réquisition.

II. Les préposés à l'enregistrement seront tenus de porter sur chacun des coupons à écheoir, les noms du propriétaire dénommé dans chaque mention d'enregistrement faite sur l'effet public re-présentant le capital, à toutes réquisitions qui leur seront faites par le porteur de l'effet, et avant que lesdits coupons soient ac-quittés, en justifiant par le porteur que l'effet capital a été visé et enregistré sous son nom; en conséquence, il suffira aux payeurs desdits coupons, pour satisfaire à l'article XVI de la dite loi, de les payer sur la simple représentation des coupons et sur l'acquit du dernier propriétaire y dénommé. Quant aux coupons échus antérieurement au premier juillet dernier, ils seront payés comme par le passé, n'étant pas compris dans les dispositions de ladite loi.

III. Les actions de l'ancienne compagnie des Indes, qui, aux termes de la loi du 25 juillet dernier, doivent être renouvelées, ne seront échangées qu'en justifiant par les propriétaires que leurs actions ont été visées et enregistrées dans les délais fixés pour les autres effets publics; et les actions données en échange, portant le même numéro que les anciennes seront enregistrées gratuitement dans le délai d'un mois après le renouvellement effectué.

IV. Chaque endossement ou transport des bulletins de l'édit de décembre 1785 non sortis par le tirage, sera soumis à l'enregistrement et à un droit de quinze sous fixe pour chaque bulletin.

V. Ne sont pas compris dans la disposition de la loi du 27 août 1792, les récépissés de liquidation pour reconstitution, délivrés nominativement au propriétaire par les liquidateurs de la trésorerie nationale.

VI. Les quittances de finances de l'édit de décembre 1785 sorties en remboursement, continueront d'être admises à la conversion viagère accordée par l'édit de création avec toutes les stipulations de jouissance et de survivance, comme par le passé, pourvu néanmoins qu'un des ayans-droit à la rente viagère, soit déclaré propriétaire par la dernière mention de l'enregistrement. Quant aux contrats constitués du même édit sortis en remboursement, ils pourront être convertis en viager comme par le passé.

VII. Les conversions de quittances de finance au porteur en contrats, permises par les édits de décembre 1782, décembre 1784 et décembre 1785, et par le décret du 29 août 1789, concernant l'emprunt national, auront lieu sur la remise de l'effet au porteur duement visé, et après que tous les endossemens qui y seront portés auront été enregistrés, sauf aux propriétaires à faire imputer et déduire le droit d'enregistrement par lui payé pour le dernier transport, sur le droit d'enregistrement auquel seroit assujetti le contrat de constitution passé à son profit.

VIII. Les capitaux des effets au porteur compris dans la loi du 27 août qui les assujettit à la formalité de l'enregistrement, devenant, par l'effet même de cette loi, de véritables créances en nom, les propriétaires ou concessionnaires de ceux de ces effets qui seront sortis par le tirage, seront tenus pour en recevoir le remboursement, de faire les justifications exigées par les décrets des 24 juin, 29 juillet et autres subséquens. Cette disposition n'aura pas lieu pour les coupons d'intérets.

IX. Les concessionnaires ne seront tenus dans tous les cas, que de leurs justifications personnelles, et non de celles de leurs cédans.

X. Le délai accordé par l'article II de la loi du 27 août dernier, pour le *visa* des effets publics stipulés au porteur, est prorogé jusqu'au 31 octobre prochain; en conséquence, la nullité prononcée par l'article VIII de la même loi, n'aura lieu qu'après l'expiration de ce nouveau délai.

XI. La régie nationale de l'enregistrement établira et nommera, sous l'approbation du ministre des contributions publiques, dans chacune des villes de Londres, Amsterdam, Gênes et Genève, un préposé assermenté, lequel procédera à l'enregistrement et au *visa* sans frais, des effets au porteur qui lui seront présentés dans la forme prescrite par la loi du 27 août.

XII. Le bureau de l'enregistrement et du *visa* sera placé dans l'hôtel de l'envoyé ou chargé d'affaires de France autant qu'il sera possible, et son établissement annoncé dans les papiers publics, avec mention qu'il ne subsistera que pendant trois mois.

XIII. Ce terme expiré, le registre sera clôs par l'envoyé ou chargé des affaires de France, et rapporté par le préposé, qui en fera le dépôt à l'hôtel de la régie à Paris.

XIV. Les frais de voyage et le traitement de ces préposés, seront alloués en dépense à la régie comme frais extraordinaires,

d'après la fixation qui en sera faite par le ministre des contributions publiques.

Décret portant enregistrement et Visa des effets au porteur.

Du 28. novembre 1792. — 1er. *Décembre suivant.*

N°. 201.

La Convention Nationale, après avoir entendu le rapport de
son comité des finances, décrète ce qui suit :

ARTICLE PREMIER.

Les effets publics au porteur, soit ceux sur l'Etat, soit ceux des
compagnies et sociétés d'actionnaires, soit les actions d'associations
de rentes viagères sur plusieurs têtes réunies, qui n'ont pas été visés
en exécution des articles II de la loi du 27 août dernier, et X de
celle du 17 septembre suivant, pourront être présentés à cette formalité pendant le trois mois de la publication du présent décret,
en acquittant les droits fixés par les articles suivans, sans que lesdits effets puissent néanmoins être négociés ou cédés, à quelque
titre que ce soit, avant d'avoir été enregistrés et visés, sous les peines portées par l'article IV de ladite loi du 27 août.

II. Ceux de ces effets qui seront présentés au *visa* pendant le
premier mois, acquitteront le droit d'enregistrement sur le pied de
quinze sous par cent livres, tel qu'il est fixé par l'article premier
de ladite loi du 27 août. La perception sera du double pour ceux
présentés dans le second mois, et du triple pour ceux qui ne seront
soumis à la formalité que dans le troisième mois.

III. La perception aura lieu sur le montant du capital origi-
ginaire de l'action ou bordereau, en joignant les coupons d'intérêts
ou divendes échus ; et à défaut de capital déterminé, sur le pied
du cours du 31 octobre dernier, régulièrement constaté.

IV. Le montant du droit payé sera énoncé sur l'effet, indepen-
damment des autres mentions prescrites par l'article II de la loi
du 27 août dernier.

V. Sont exceptés les reconnoissances d'actions de l'ancienne compagnie des Indes, qui sont en dépôt dans les bureaux de cette compagnie, appelés les dépôt d'hypothèque, et les billets d'annuités au
porteur donnés en remboursement de l'emprunt de soixante-dix
millions, restés en dépôt à l'administration de la caisse d'escompte,
tous lesquels effets seront enregistrés sans déplacer, par les préposés de la régie, et visés avec énonciation des noms, profession et
domicile des propriétaires, dans les trois mois de la publication du
présent décret, sans acquitter aucun droit.

VI. Tous les effets sujets au *visa* et à l'enregistrement, qui se
seront trouvés sous le scellé pendant les délais accordés pour la
formalité, seront enregistrés et visés sans droit, dans le mois qui
suivra la levée du scellé. Le certificat en forme de l'apposition,
de la levée des scellés et de l'inventaire, sera rapporté et men-
tionné à l'enregistrement.

VII. Tous les effets qui n'auront pas été enregistrés et visés dans
les délais fixés par les articles précédens, seront de nulle valeur
pour ceux dont le montant est dû par le trésor national. Quant à
ceux sur des sociétés et compagnies d'actionnaires, la confiscation
en sera acquise de plein droit à la république, d'après les états
qui ont dû être remis par les directeurs de ces sociétés, en exécution de l'article XIX de la loi du 27 août dernier, et la comparaison qui en sera faite au registre du *visa*.

VIII. Les administrateurs des compagnies d'actionnaires et leurs
receveurs et caissiers ne pourront acquitter les susdits effets non
visés, dus par ces compagnies, et les intérêts et divendes qui en résulteront, à d'autres qu'aux receveurs des confiscations nationales,
à peine de payer deux fois.

IX. L'exception faite par l'article VII de ladite loi du 27 août,
pour les porteurs de ces effets qui se trouvent hors l'étendue du
territoire françois, subsitera pour ceux qui sont en Europe seulement; l'exception portée audit article, pour les porteurs d'effets
qui se trouveroient en Amérique et sur les côtes d'Afrique, et

pour ceux qui sont au-delà du cap de Bonne-Espérance, demeurant supprimée.

X. Les récépissés de liquidation qui seront délivrés nominativement au propriétaire du contrat, par les liquidateurs de la trésorerie nationale, pour reconstitution de contrats dus par la république, seront visés dans le mois de la publication du present décret, sans payer aucun droit, sous la peine de nullité prononcée par l'article VII. Les transports desdits récépissés par endossement, seront sujets à l'enregistrement, sur le même pied que ceux des autres effets au porteur, et ne pourront avoir lieu que sur l'effet revêtu de la formalité du timbre, conformément à l'article V de la loi du 27 août.

XI. Les coupures d'effets qui ont été délivrées au porteur, soit par la trésorerie nationale, soit par les compagnies et sociétés d'actionnaires, seront visées sans droit, dans le mois de la publication de la présente loi, au profit du dernier possesseur dénommé à l'effet coupé, duement visé et enregistré; et les coupures qui seront délivrées à l'avenir, seront aussi visées gratuitement dans le mois de la date de leur délivrance, qui y sera exprimée: le tout sous l'obligation du timbre ou les peines rappelées à l'article précédent.

XII. Les coupons pour annuités et ceux pour intérêts et dividendes, séparés de l'effet principal et revêtus de la formalité du timbre, seront visés, sur la réquisition du porteur, dans les délais et sous les peines portées par les articles précédens. Quant à ceux faisant corps avec l'effet principal, ils seront compris dans le *visa* et enregistrement de l'effet; mais lorsqu'ils seront coupés pour être acquittés ou cédés séparément, ils seront timbrés et ensuite visés au profit du dernier possesseur dénommé sur l'effet, en le rapportant duement visé et enregistré, sans acquitter de nouveaux droits d'enregistrement.

XIII. Lorsque, à défaut d'espace, le transport d'un bordereau ou coupon est inscrit sur une feuille attachée, le receveur de l'enregistrement sera tenu d'énoncer dans sa première relation sur ladite feuille, la nature de l'effet, sa date, sa série et son numéro, à peine de trente livres d'amende pour chaque omission.

XIV. Les endossemens et transports des bulletins de l'édit de décembre 1785, non sortis par le tirage, acquitteront le droit d'enregistrement sur le pied du prix payé, lequel doit être énoncé conformément à l'article IV de la loi du 27 août dernier; et il est dérogé en conséquence, à l'article IV de la loi du 17 septembre.

XV. Les effets publics au porteur, remis en nantissement à des particuliers ou à des sociétés d'actionnaires, seront visés sous le nom de celui qui les a donnés en nantissement, et qui en a conservé la propriété; mais il sera fait en outre mention, tant dans l'enregistrement que dans la relation, des noms, profession et domicile du dépositaire; et dans le cas où ce dernier viendroit ensuite à céder lesdits effets, il sera perçu, outre le droit résultant du transport, un second droit pour la mutation opérée au profit dudit dépositaire.

XVI. Il ne sera pas nommé de préposé à l'enregistrement et au *visa* dans la ville de Londres, derogeant à cet égard à l'article XI de la loi du 17 septembre dernier.

Décret relatif aux acquisitions des domaines nationaux qui seront faites dans le courant de 1793.

N° 299.

Du 8 janvier 1793. — 9 *du même mois.*

La Convention Nationale, sur le rapport de son comité des finances, décrète:

ARTICLE PREMIER.

Les citoyens qui acquerront des domaines nationaux dans le courant de l'année mil sept cent quatre-vingt-treize, jouiront de la la faculté d'effectuer leurs payemens en douze années et douze termes, conformément aux décrets rendus antérieurement à ce sujet.

II. Lesdites acquisitions faites pendant le cours de l'année mil sept cent quatre-ving-treize, et la première vente ou cession qu'en feront les acquéreurs, pourvu que ce soit dans les cinq années de leur acquisition, ne seront assujéties qu'au droit d'enregistrement de quinze sous.

Extrait du décret portant conservation des droits d'enregistrement, d'hypothèques et de douanes, et autres impôts indirects.　　N.° 602.

Du 21 mars 1793. — 22 *du même mois.*

ART. VI. Les droits d'enregistrement, les droits d'hypothèques, les douanes seront conservés, de même que tous les impôts qui ne sont pas nommément supprimés par le présent décret : le comité des finances présentera successivement des plans de rectification et amélioration de chacune desdites contributions, ainsi que sur les postes et messageries,

Décret relatif à l'enregistrement des certificats de résidence.

Du 30 mai 1793. — 8 *juin.*　　N°. 973.

La Convention Nationale, sur le rapport de son comité des finances sur la question de savoir si les certificats de résidence, qui ne doivent être signés que de deux témoins, sont assujettis à la formalité de l'enregistrement comme les autres, décrète qu'elle passe à l'ordre du jour, motivé sur la disposition générale de la loi du 20 décembre 1792, qui assujétit tous les certificats à l'enregistrement.

N.° 1220. *Décret relatif au Visa et enregistrement des effets publics au porteur.*

Du 18 juillet 1793. — 19 du même mois.

La Convention Nationale, après avoir entendu le rapport de son comité des finances, décrète :

ARTICLE PREMIER.

Les effets publics stipulés au porteur, soit ceux sur l'Etat, soit ceux des compagnies et sociétés d'actionnaires, soit les actions d'associations de rentes viagères sur plusieurs têtes réunies; les actions de l'ancienne compagnie des Indes qui auront été échangées en exécution de la loi du 25 juillet 1792; les récépissés et bordereaux de liquidation nominatifs et au porteur; les coupures d'effets et nouvelles actions d'associations, soit de rentes viagères constituées par contrats, soit de bordereaux viagers au porteur non-constitués; ainsi que les bulletins et coupons d'intérêts et dividendes séparés de l'effet principal, qui n'auront pas été *visés* dans le délai porté par les article II de la loi du 27 août 1792, X de celle du 17 septembre suivant, I, X et XI de celle du 28 novembre, pourront être présentés à cette formalité pendant trois mois, à compter de la publication du présent décret, en acquittant le droit progressif d'enregistrement, sur le pied fixé par les articles II et III de ladite loi du 28 novembre dernier. Après l'expiration de ce délai, la nullité ou la confiscation auront lieu, ainsi qu'il est porté par l'article VII, de cette même loi.

II. Les actions renouvelées, les coupures et autres effets qui seront délivrés à l'avenir en remplacement, recevront le *visa* sans frais, dans le mois de la délivrance, en justifiant du *visa* ou de l'enregistrement de l'effet primitif, au profit du porteur de l'effet renouvelé.

En conséquence, il sera fait mention sur les actions renouvelées, coupures et autres effets, par ceux qui les délivreront, des noms des propriétaires au profit desquels auront été visés les effets primitifs.

III. Les récépissés et bordereaux de liquidation nominatifs, et au porteur, qui seront émis et délivrés par la suite par les commissaires liquidateurs de la trésorerie nationale, seront visés gratuitement dans le mois de leur délivrance, passé lequel délai ces effets, ainsi que ceux énoncés en l'article précédent, seront soumis, pendant les trois mois subséquens, au droit progressif d'enregistrement, et ensuite à la nullité ou à la confiscation, comme il est porté en l'article premier.

IV. Tous les effets publics sortis au tirage, et remboursables avant le premier juillet 1792, seront payés par la trésorerie nationale, quoique non visés et enregistrés, ainsi qu'il est ordonné, pour les coupons, par l'article II de la loi du 17 septembre 1792.

V. Les procurations énoncées aux articles X et XI de la loi du 27 août, et données à l'effet de recevoir le remboursement d'effets publics, ou d'en faire le transport à un tiers, acquitteront le droit d'enregistrement sur le pied de la valeur des effets, soit qu'ils aient été remis ou non au mandataire; sauf dans le cas du remboursement effectué, comme dans celui du transport, à rendre le droit perçu, pour ce qui excédera celui de simple procuration, lorsque le mandataire justifiera du compte qu'il aura rendu du prix desdits effets, par acte devant notaire.

VI. Si la procuration est générale, et ne fait point connoître le nombre et la nature des effets, le droit sera réglé sur une évalua-provisoire de 15,000 liv. conformément à l'article V de la loi de l'enregistrement du 19 décembre 1790, sans que le droit puisse être réduit à celui de simple procuration, et que surplus de la perception puisse être restitué tant que la procuration continuera d'avoir son effet.

À l'égard des procurations pour recevoir seulement le montant des coupures et des dividendes, il ne sera perçu que le simple droit de procuration.

Décret qui supprime les compagnies financières.

Du 17ᵉ. jour du 1ᵉʳ. mois — 6ᵉ. jour du 2ᵉ. mois de l'an 2ᵉ. de la république une et indivisible.

La Convention Nationale, après avoir entendu la commission des finances, décrète ce qui suit :

ARTICLE PREMIER.

Les compagnies financières sont et demeurent supprimées. Il est défendu à tous banquiers, négocians et autres personnes quelconques, de former aucun établissemens de ce genre, sous aucun prétexte, et sous quelque dénomination que ce soit.

II. Les lois des 27 août et 28 novembre 1792 seront executées contre toutes les compagnies dont les portions d'intérêt circuloient à l'époque desdites lois sous la forme d'actions au porteur, et qui, ayant converti lesdites portions d'intérêts en inscriptions sur leurs propres registres, ont établi pour leurs négociations des transferts particuliers, et les percepteurs du droit d'enregistrement feront verser au trésor public les sommes déjà dues à la nation, pour le triple droit encouru à raison de leurs *transferts* faits en fraude.

III. A compter du jour de la publication du présent décret, la compagnie des Indes ne pourra expédier aucun vaisseau pour le commerce de l'Inde ; et aucune société de négocians françois ne pourra, dans aucun cas, et sous aucune prétexte, prendre le titre de compagnie des Indes.

IV. Il sera nommé par le ministre des contributions publiques, des commissaires auxquels la commission des finances remettra l'état des sommes dues par la compagnie des Indes, en exécution de l'article II du présent décret.

Lesdits commissaires seront chargés.

1°. De faire lever les scellés apposés sur les effets et marchandises de la compagnie des Indes ;

2°. De faire verser au trésor public les sommes dues à la nation par la compagnie, suivant les articles précédens ;

3°. De dresser l'état de tous les objets concédés ci-devant par le gouvernement à ladite compagnie, et à cet effet, ils se feront représenter tous titres, registres et actes nécessaires;

4°. De veiller à ce que la vente et la liquidation de la compagnie se fassent de la manière et dans les délais ci-après determinés.

V. Toutes les marchandises prohibées ou non prohibées, seront vendues dans l'intérieur de la République, et par petits lots. Dans le cas où, parmi lesdits effets et marchandises, il se trouveroit des objets utiles à la République, lesdits objets seront retenus pour le compte de la nation, et leur valeur imputée sur les sommes dues par ladite compagnie.

Il en sera de même des vaisseaux appartenant à ladite compagnie, s'il en trouve qui puissent être utiles à la République.

VI. Tous les établissemens, chantiers, magasins, ateliers, bâtimens et généralement toutes les concessions gratuites faites ci-devant à la compagnie des Indes par le gouvernement, seront remis à la disposition du ministre de la marine.

VII. La vente et la liquidation de la compagnie se feront suivant les statuts et réglemens. Elles se continueront sans interruption, et seront achevées dans l'espace de quatre mois, à partir du jour de la publication du présent décret.

A l'égard des vaisseaux actuellement en mer, il sera procédé à la vente et liquidation de leur cargaison dans les quatre mois qui suivront le jour de leur arrivée.

VIII. Dans le cas où, par le résultat de leur liquidation, les actionnaires ou intéressés se trouveroient perdre portion ou totalité de leurs capitaux, ils ne pourront exercer contre la nation aucun recours, ni lui demander aucune indemnité.

DÉCRETS SUR LE TIMBRE.

Décret relatif au timbre.

N°. 563.

Du 7 février 1791. — 11 *du même mois.*

L'assemblée Nationale décrète ce qui suit :

ARTICLE PREMIER.

A compter du 1.er avril prochain, la formule sera abolie ; les timbres maintenant en usage seront supprimés ; les papiers ou parchemins qui s'en trouveroient marqués, ne pourront être employés qu'après avoir été contre-timbrés du timbre qui sera ci-après établi, et il sera libre à tout particulier qui en seroit pourvu, de les rapporter dans trois mois, à compter du jour de la publication du présent décret, à la régie, qui lui en rendra le prix, ou de les faire contre-timbrer, en payant le supplément.

II. A compter de la même époque, et dans toute l'étendue du territoire françois, la régie de la formalité de l'enregistrement fournira exclusivement et au profit du trésor public, pour tous les actes qui seront ci-après indiqués, des papiers marqués de nouveaux timbres, et dont les prix seront déterminés par le tarif annexé au présent décret.

III. Seront écrites sur papier timbré.

1°. Toutes les minutes et expéditions d'actes qui, soit en minute, soit en expédition, dans tous les cas, ou dans quelques cas seulement, sont soumis à la formalité de l'enregistrement, en vertu du décret du 5 décembre dernier.

2°. Les minutes et copies signifiées des jugemens de juges de paix, et les minutes et les copies des actes de procédure et instruction des instances.

3°. Les registres des municipalités, pour tout ce qui concernera

leurs affaires, et sera étranger aux fonctions publiques qui leur
déléguées par les loix; les registres des universités, facultés, colléges, hôpitaux, fabriques; ceux des administrateurs, syndics, mar-
guilliers, fabriciens, receveurs des droits et des revenus des villes
et hôpitaux : ceux des notaires, huissiers et autres officiers ministé-
riels, greffiers et concierges des prisons et autres lieux de déten-
tion; ceux des courtiers, agens de change, et de toute personne
ou corps revêtus d'un caractère public, et obligés par les réglemens
à tenir des des registres.

4°. Les expéditions, extraits, copies certifiées de tous les registres mentionnés en la section précédente, et qui seront délivrés à
des particuliers; et en outre les lettres et commissions de chan-
cellerie, les expéditions, extraits ou copie des registres, procès-
verbaux, délibérations des corps administratifs et des municipalités, ainsi que les certificats, passeports ou autres actes ou pièces
formant titre à l'avantage où à la décharge de quelque particulier.

5°. Les quittances de rentes payées par le trésor public, celles
des droits d'entrée et sortie du royaume, celles des droits et octrois des villes, et de toute contribution indirecte, les actions qui
seront faites pour des entreprises de commerce et de banque; les
feuilles, reconnoissances ou quittances sur lesquelles seront payés
les dividendes de semblables actions, même de celles qui existent
maintenant, tels que les dividendes des actions de la compagnie
des Indes et dé de la caisse d'escompte.

6°. Les registres prescrits par les loix aux négocians, marchands,
artisans, fabriquans, banquiers, commissionnaires et associés; ceux
des entrepreneurs de travaux, fournitures et services publics ou particuliers, agens d'affaires, directeurs, régisseurs et syndics de colléges de créanciers, et tous registres qui peuvent être produits en
justice.

7°. Les lettres de change, mêmes celles qui seroient tirées par
seconde, troisième et *duplicata*, billets à ordre ou au porteur,

mandats, rescriptions, et généralement tous les écrits portant promesse ou mandement de payer des sommes déterminées et qui circulent dans le commerce, même les endossemens et acceptations de pareils effets venant de l'étranger, et payables en France, lesquels seront présentés au timbre ou au *visa* dans la place de France où ils devront recevoir le premier endossement ou l'acceptation, et seront chargés seulement de la moitié du droit imposé sur les effets de même valeur faits en France. L'endossement des lettres de change et mandemens de payer venant de l'étranger, payables chez l'étranger ne seront pas assujettis à être écrits sur papier timbré ou visé.

Les actes et expéditions du corps législatif seront exempts du timbre.

IV. Les lettres de voiture sous seing-privé, les comptes des fabricans, négocians et banquiers entre eux, les factures ou lettres qui en tiendront lieu, des fabricans, marchands, commissionnaires et autres, les mémoires d'ouvriers, de marchands, fournisseurs et entrepreneurs, les extraits de livres ou de correspondance, seront assujettis au timbre ou au *visa*, dans le cas seulement où ils serviront de titre à quelque demande ou action en justice, ou seront produits par forme ou pour moyen d'exception ou autrement.

V. Il sera libre d'user pour tout acte, registre, pièce ou écriture assujetti au timbre, de papier de telle dimension que l'on voudra; en conséquence les bureaux de la régie seront pourvus de papiers de divers formats, dont les prix seront déterminés par le tarif.

Les papiers destinés à des lettres de change ou aux mandemens de payer, aux quittances comptables et autres fournies pour rentes payées par le trésor public, aux quittances des droits d'entrée et des octrois des villes et autres contributions indirectes, seront d'un format convenable à leur destination, et marqués de timbres particuliers, dont les prix seront fixés par le tarif.

Les papiers destinés aux expéditions de tous les actes civils passés

en

en forme authentique, à celles des jugemens des tribunaux et autres actes expédiés en brevet, seront aussi marqués de timbres particuliers, et seront payés au double des papiers de pareil format destinés à des minutes ou à des actes sous seing-privé. Les papiers que distribuera la régie, porteront un filigrane particulier, qui sera imprimé dans la pâte même à la fabrication.

VI. Les particuliers qui voudront se servir de parchemin ou d'un autre papier que celui de la régie, pourront le faire timbrer avant de s'en servir. Il y sera apposé un timbre extraordinaire, relatif à la classe et à la nature des actes auxquels ce papier ou parchemin sera destiné. Il sera payé pour le timbre extraordinaire le même prix que pour le papier de la régie de même destination et de même mesure. Si les papiers présentés au timbre, sont de dimension différentes de celles de la régie, le timbre en sera payé au prix du format supérieur. Si les papiers présentés au timbre, excèdent le plus grand papier de la régie, le prix du timbre sera de 20 sous, à moins qu'il ne soient destinés pour expédition, et en ce cas, le prix sera du double.

VII. Les papiers employés à des expéditions, ne pourront contenir, compensation faite d'une feuille à l'autre, plus de vingt lignes par page de petit papier;

Plus de ving-sept lignes par page de papier moyen;

Plus de trente ligne par page de grand papier.

Les expéditions seront écrites sans abréviations.

VIII. Les timbres ordinaires porteront en légende le prix du papier auquel ils seront appliqués, et le nom du département pour lequel ils seront destinés. Tous les actes, expéditions et registres seront assujettis au timbre du département, à l'exception néanmoins des lettres de change, billets à ordre et autres actes sous signature privée, pour lesquels on pourra employer des papiers timbrés de quelque département que ce soit.

IX. Le papier ou parchemin timbré qui aura été employé pour minute ou expédition, ne pourra plus servir, même quand ces

Enregistrement.   H

minutes et expéditions n'auroient été que commencées.

L'empreinte du timbre ne pourra être couverte d'écriture ni altérée.

Il ne pourra être fait ni expédié deux actes à la suite l'un de l'autre sur la même feuille, nonobstant tout usage ou réglement contraire ; à l'exception des actes de ratification de ceux passés en l'absence des parties, des quittances de prix de vente et droits casuels, des quittances de directions, de colléges de créanciers, des quittances de remboursement de contrats de constitution ou obligation, des inventaires, procès-verbaux, et autres actes qui ne peuvent être consommés dans un seul jour et dans la même vacation.

Les huissiers ne pourront mettre deux fignifications ou exploits d'assignation et autres actes, sur une même feuille de papier timbré ; cependant ils pourront donner des copies de pieces en tête de leurs exploits, et écrire sur les expéditions des sentences l'original de leur exploit de signification.

X. Les expéditions des actes civils et judiciaires qui seront délivrés, à compter du 1er avril prochain, dans les lieux où la formule n'étoit pas établie, ne pourront être faites que sur papier timbré.

XI. Les personnes, corps et communautés dont les registres sont assujettis au timbre par le présent décret, seront tenus, dans les trois mois qui suivront sa publication, de faire timbrer à l'extraordinaire, ou marquer d'un *visa* toutes les feuilles qui, à l'époque de cette publication, n'auront pas servi.

Sont exceptés de cette disposition les registres de *naissances*, morts et mariages de la présente année.

XII. Moyennant le payement du droit du timbre et des amendes qui seront ci-après déterminées, selon les cas, tout acte écrit ou expédition, assujetti à être fait sur papier timbré, et qui ne le seroit pas, ou le seroit sur papier marqué d'un timbre différent de celui qui lui est propre, pourra être marqué à l'extraordinaire ou visé.

XIII. Tout officier ou fonctionnaire public qui, dans la minute ou l'expédition de quelque acte civil ou judiciaire, aura commis une contravention au présent décret, sera responsable des dommages-intérêts des parties, et en outre condamné à une amende de cent livres pour la première fois, et de trois cent livres en cas de récidive.

Sont exceptés de la présente disposition les contraventions à l'article VII, pour chacune desquelles il ne sera prononcé qu'une amende de 30 livres.

XIV. Tout particulier qui ne se sera pas servi de papier timbré pour les actes privés, registres, pieces et écritures qui y sont assujettis, et autres que les lettres de change et mandemens de payer dont sera fait mention dans l'article suivant, sera condamné en 30 livres d'amende, et sera tenu d'acquitter cette amende, de faire timbrer ou viser ces pieces, actes ou écritures, et de payer le droit de timbre avant de pouvoir en faire usage en justice, à peine de nullité de toute procédure, et de tout jugement et exécution qui pourroient avoir lieu en conséquence.

XV. Les porteurs de lettres de change et autres mandemens de payer, non marqués du timbre auquel il sont assujettis, ne pourront les endosser qu'après les avoir fait timbrer à l'extraordinaire ou viser.

Les tireurs, endosseurs et accepteurs de lettres de change et mandemens de payer, faits en France et non timbrés du timbre auquel ils sont assujettis les endosseurs et accepteurs de pareils effets venant de l'étranger, seront condamnés solidairement au payement du droit, et à l'amende du dixième du montant de ces effets.

Le droit de timbre et moitié de l'amende du dixième, seront supportés pour les effets tirés de France par le tireur; le surplus de l'amende, par l'accepteur et les endosseurs domiciliés en France : et pour ceux tirés de l'étranger, le droit et moitié de l'a-

mende par le premier porteur domicilié en France qui aura endossé ou accepté ; le surplus de l'amende par les accepteurs et endosseurs domiciliés en France. Les effets non timbrés ne pourront être reçus à l'enregistrement, à peine de cinquante livres
d'amende contre les receveurs du droit d'enregistrement, ni produits en justice, à peine de nullité de toute procédure et de tout
jugement et exécution qui pourroient avoir lieu en conséquence.
Les porteurs de pareils effets, qui les feront timbrer à l'extraordinaire ou viser, feront l'avance du droit et de l'amende, et auront leur recours contre les tireurs, accepteurs et endosseurs solidairement. Si cependant une première acceptée et non timbrée, ne
portoit aucun endossement, le porteur seroit dispensé de faire l'a-
vance de l'amende, et l'accepteur pourroit être seul poursuivi pour
la payer.

XVI. Les préposés de la régie ne pourront, à peine de cinquante
livres d'amende, admettre à l'enregistrement des expéditions d'actes
judiciaires, si elles ne sont dans les formes réglées par le présent
décret; ils ne pourront sous la même peine admettre à l'enregistrement aucun exploit, signification et autres actes de poursuites
faites en exécution d'expéditions délivrées par les notaires, si ces
expéditions ne sont représentées, et ne sont dans les formes prescrites. Ils ne pourront, sous la même peine, enregistrer aucun
des actes, pièces ou écritures soumis au timbre, s'il n'est timbré
du timbre auquel il est assujetti, et s'il y a plusieurs actes écrits
sur une même feuille ou que cette feuille ait déja servi.

Ils ne pourront enfin, et sous les mêmes peines, admettre à
la formalité de l'enregistrement les protêts de lettres de change et
mandemens de payer, que sur la représentation de ces effets en
bonne forme.

XVII. Aucun huissier ni officier servant près des tribunaux, ne
pourra faire de significations, poursuites et exécutions en vertu
d'expéditions informes, tant d'actes civils que d'actes judiciaires,
ni protêts, exploits ou significations pour raison d'effets, actes,

titres, pièces, écritures sous signature privée, assujettis au timbre, et qui ne seroient pas marqués de celui auquel ils sont assujettis, et en cas de contravention il sera condamné en cinquante livres d'amende pour la premiere fois, et cinq cent livres d'amende pour la seconde; et en cas de récidive dans la même année, à comp- de la premiere contravention, à cinq cent livres d'amende, et à l'interdiction pendant un an. Il sera tenu en outre des dommages et intérêts des parties, pour raison des nullités prononcées par les articles précédens.

XVIII. Aucun juge ou officier public ne pourra coter et pa- rapher les registres assujettis au timbre par le présent décret, si les feuilles n'en sont timbrées, et ce à peine de cinq cent livres d'amende pour chaque contravention, et de mille livres et d'in- terdiction pour un an, en cas de récidive.

XIX. Les juges n'auront aucun égard aux effets de commerce, actes, pièces, écritures, registres et extraits d'iceux, soumis au tim- bre par les articles précédens, s'il ne sont écrits sur papier mar- qué du timbre auquel ils sont assujettis; ils ne pourront rendre de jugement sur ces actes, à peine de nullité de leurs jugemens, de toutes poursuites et significations faites en conséquence. Les com- missaires du roi prés des tribunaux, veilleront à l'exécution du présent décret.

XX. Sont exceptées des dispositions du présent décret, les quit- tances sous signature privée, entre particuliers, pour créances de vingt-cinq livres et au-dessous, lesquelles pourront être sur papier non timbré.

Il pourra être donné plusieurs quittances sur une même feuille de papier timbré, pour à compte d'une seule et même créance, ou d'un seul terme de fermage ou de loyer.

Les quittances au-dessus de vingt-cinq livres, qui seront données sur une même feuille de papier timbré, n'auront pas plus d'effet que si elles étoient sur papier libre, et les particuliers qui voudroient faire usage desdites quittances, seront assujettis aux mêmes peines que pour les actes écrits sur papier non timbré.

Sont pareillement exceptées les copies des pieces de procédure criminelle, qui, aux termes de l'article XIV des décrets des 8 et 9 octobre, doivent être délivrées sans frais.

XXI. La régie fera déposer au greffe des tribunaux de district, des papiers marqués de filigrane qu'elle aura jugé convenable, et des empreintes des timbres qui seront mis en usage. Elle fera déposer de plus, dans les greffes des tribunaux de commerce, des empreintes des timbres destinés pour registre de commerce, lettres de change et autres mandemens de payer.

XXII. Jusqu'au 1er avril prochain, les notaires de Paris pourront employer du papier timbré, tel qu'il est maintenant en usage dans le reste du royaume.

XXIII. L'assemblée Nationale charge ses comités, de constitution, de jurisprudence criminelle et des contributions publiques, de rédiger un projet de décret concernant les peines à infliger aux contrefacteurs des timbres et papier, et à ceux qui feroient commerce de papier timbré sans y avoir été autorisés par la régie.

XXIV. Le roi nommera deux nouveaux commissaires pour concourir, avec les huit déjà nommés, ou qui doivent l'être en vertu du décret du 5 décembre dernier, à l'administration, régie et perception des taxes établies par ce décret et par le présent, ainsi que des droits des hypothèques.

Ces dix commissaires seront aussi chargés provisoirement de l'administration des domaines corporels.

En conséquence, l'ancienne administration des domaines sera supprimée, à compter du dix du présent mois, et il sera incessamment proposé, par le comité des finances, un projet de décret sur la forme dans laquelle les administrateurs rendront leurs comptes et seront remboursés.

T A R I F.

	liv.	s.	d.
La feuille de petit papier de 9 pouces sur 14, feuille ouverte	»	4.	»
Demi-feuille de même format.	»	2.	6.
Feuille de papier moyen de 11 pouces sur 16.	»	6.	»
Feuille de grand papier de 14 pouces sur 17.	»	8.	»
Grand registre de 17 pouces sur 21.	»	10.	»
Le très-grand registre de 21 pouces sur 27.	»	15.	»
Papiers pour lettres de change et autres mandemens de payer, et quittances comptables et des rentes sur le Trésor public, de 400 liv. et au-dessous.	»	5.	»
De 400 liv. à 800 liv. inclusivement.	»	10.	»
De 800 liv. à 1200 liv. inclusivement	»	15.	»
Au-dessus de 1200 liv. indéfiniment.	1	»	»
Papier d'expédition, le double du prix du papier de minute du même format. Quittance des droits d'entrées et d'octrois des villes, et contributions indirectes. . .	1	6.	»

Décret additionnel à celui du Timbre, et qui exempte de cette formalité les registres des Tribunaux, minutes de jugemens et autres y désignés.

N_o1026.

Du 10 juin 1791. — 17 *du même mois.*

L'Assemblée Nationale décrète ce qui suit :

ARTICLE PREMIER.

Les registres et minutes des Tribunaux, ceux des greffes des Juges de paix, les minutes des jugemens et actes judiciaires des

Juges de paix, les registres et actes des Accusateurs publics et Commissaires du roi près les Tribunaux, ne seront pas assujettis au timbre.

II. Les registres de la caisse de l'Extraordinaire, de la Trésorerie nationale, des Trésoriers de districts, ceux des Receveurs des contributions publiques directes ou indirectes, ne seront pas non plus assujettis au timbre.

III. Lorsque les délibérations des Corps administratifs et municipaux, formant titre à l'avantage ou à la décharge de quelque particulier, seront inscrites en marge des mémoires, requêtes ou pétitions des particuliers, elles seront timbrées ou visées à l'extraordinaire, dans le lieu de la séance du Corps administratif ou municipal qui devra en faire la remise audit particulier ; les Procureurs-généraux-syndics de Départemens, les Procureurs-syndics de Districts et les Procureurs des Communes, tiendront la main à l'exécution du présent article.

IV. Les registres et actes des Corps administratifs qui n'auront pas pour objet des intérêts particuliers, ne seront pas assujettis au timbre.

V. Les avertissemens, commandemens et saisies relatifs au recouvrement des impositions de l'année 1790, et autres antérieures, ne seront pas assujettis au timbre ; ils ne le seront pas non plus au droit d'enregistrement.

VI. Les secondes et subséquentes expéditions des procès-verbaux d'adjudications des biens nationaux, les obligations et annuités fournies par les adjudicataires, à raison desdites adjudications, les minutes et expéditions des actes de vente, revente, cessions ou rétrocessions de ces biens, seront sujettes au timbre.

VII. Les congés et cartouches délivrés aux soldats et gens de mer, les billets de subsistance donnés aux soldats en route, les billets d'hôpitaux, ne seront pas assujettis au timbre.

VIII. Les patentes et les certificats à délivrer par les municipalités pour l'acquit du droit de patente, seront écrits sur papier timbré,

bré, et le timbre sera payé par les particuliers qui auront obtenu des patentes.

IX. Le timbre des quittances qui seront données par des particuliers à des particuliers, sera à la charge de ceux à qui les quittances seront délivrées.

X. Les quittances qui seront délivrées par les Trésoriers de Districts aux collecteurs ou percepteurs des contributions publiques, celles qui pourroient être délivrées par les collecteurs des contributions directes à des contribuables, ne seront pas assujetties au timbre.

XI. La solidarité des peines portées par l'article XV du Décret du Timbre, contre ceux qui auront endossé des lettres-de-change et mandemens de payer, postérieurement au 1ᵉʳ. avril dernier, sans les avoir fait préalablement timbrer à l'extraordinaire, ne sera prononcée que contre les endosseurs qui auront endossé lesdits effets postérieurement au 15 avril.

Décret portant qu'il ne sera plus fait usage du Papier marqué des anciennes empreintes portant les attributs de la royauté.

N.º 1140.

Du 4 juillet 1793. — *même jour.*

La Convention Nationale, instruite que sur le papier timbré qui se distribue dans Paris, les empreintes du timbre portent encore les attributs de la royauté, décrète qu'il ne sera plus fait usage du papier marqué des anciennes empreintes; en conséquence, les citoyens qui en sont approvisionnés, le rapporteront dans les bureaux de la régie, pour être échangé.

Enregistrement.

I

DISPOSITIONS

DU DÉCRET

ET DU TARIF

DU

DROIT D'ENREGISTREMENT,

Du 5 Décembre 1790.

PRÉSENTÉES PAR ORDRE ALPHABÉTIQUE.

DÉTAIL

Des droits abolis en conséquence de l'article Ier. du décret du 5 décembre 1790, par l'établissement du droit d'enregistrement, à compter du Ier. février 1791.

SAVOIR:

Contrôle { des actes / et / des exploits.

Insinuations { ecclésiastiques / et / laïques.

Centième denier des immeubles.

Ensaisinement.

Scel des jugemens.

Tous les droits { de greffes / et / droits réservés. } sur les procédures

Tiers-référendaires.

Contrôle des dépens.

Vérification des défauts.

Droits sur les { épices / et / amendes.

Sceau des actes des notaires.

Droits de sceau en Lorraine.

Droit de bourse commune des huissiers de Bretagne.

Quatre den. pour livre du prix des ventes de meubles.

Droits { d'amortissemens, / de nouvel acquêt, / et usages.

ACTES

ARTICLES.	A	QUOTITÉ des DROITS et peines, fixés par les décret et tarif.

1ᵉʳ. ACTES { civils et judiciaires, et titres de propriété. } *A compter du 1ᵉʳ février 1791.* { Seront assujettis dans toute l'étendue du territoire françois, à un enregistrement, pour assurer leur existence et constater leur date.

A partir de la même époque, il ne doit être payé qu'un seul droit pour le salaire de cet enregistrement, en remplacement de ceux de contrôle, insinuation, centième denier, petit-scel et autres y joints, qui demeurent abolis, sauf les droits d'hypothèques. (*Art. I et II du décret, et 3ᵉ. alinea du titre des exceptions, à la fin du tarif.*)

2. ACTES des notaires. { Doivent, à peine du double des droits, être enregistrés, SAVOIR : Dans les dix jours qui suivront celui de la date de l'acte, lorsque l'officier qui l'aura reçu résidera dans le même lieu où le bureau sera établi ;

Et dans les vingt jours, lorsque l'officier résidera hors le lieu de l'établissement du bureau.

Sont seulement exceptés les testamens, qui ne doivent être présentés au bureau que dans les trois mois qui suivront le jour du décès du testateur. *Art. XIII et IX du décret.*

3. ACTES ET EXPLOITS des huissiers. { Doivent, à peine de nullité et de 10 livres pour chaque omission, être enregistrés dans les quatre jours qui suivront celui de leurs dates, soit au bureau de leur résidence, soit au bureau du lieu où les actes auront été faits. *Art. VIII et IX du décret.*

4. ACTES JUDICIAIRES dans le cas d'être enregistrés dans un délai fixe, et sur les minutes,

Sont,
Tous les jugemens et actes faits à l'audience ou au greffe. { qui contiendront transmission de biens-immeubles réels ou fictifs. }
Sentences arbitrales. . . . .
Transactions des bureaux de paix.
Et jugemens des juges de paix. . .
Cet enregistrement doit être fait dans le délai d'un mois, au bureau établi près la juridiction du greffier. *Art X du décret.*
Le greffier n'est point tenu de faire l'avance des droits. *Voyez à ce sujet ce qui est dit à la lettre J, art. 4 et 5. Voyez aussi à la lettre C, art. 4,* au sujet des actes faits par les corps administratifs, qui doivent aussi être enreg. dans le délai d'un mois. *Ar. 13 du déc.*

5. ACTES JUDICIAIRES dans le cas d'être enregistrés sur les expéditions, et dans quel délai. { Sont tous ceux non désignés dans l'article ci-dessus, et il n'y a d'autre délai fixé pour cet enregistrement que celui de ne pouvoir délivrer les expéditions qu'après les avoir soumises à cette formalité, à peine par le greffier de payer le double des droits, *de ses deniers.* *Art X du décret.* (*Voyez au surplus à la lettre J, art. 4 et 5.*)

6. ACTES des notaires, greffiers et huissiers. { L'enregistrement n'en peut être différé par le préposé, ni les actes être retenus pour quelque cause que ce soit, pas même en cas de contravention.
Mais si un acte dont il n'y a point de minute, ou un exploit, contenoit des renseignemens dont la trace pût être utile, le préposé seroit fondé à en tirer copie, s'il étoit nécessaire, et la faire certifier par l'officier, et en cas de refus, à s'en procurer la collation en forme, à ses frais, sauf répétition en cas de droit, le tout dans les vingt quatre heures de la présentation de l'acte au bureau. *Art. XVII du décret.* (*Voyez au surplus à la lettre P, art. 11.*)

K

A

7.	A C T E S sous signatures privées. BUREAUX où ils doivent être enregistrés.	Aux termes de l'article XI du décret, les actes sous signatures privées, doivent être enregistrés soit au bureau du domicile du demandeur, soit à celui établi près la juridiction où il formera sa demande. *Voyez au surplus les articles* 14 *et* 16 *ci-après.*	
8.	A C T E S { Notariés et judiciaires. }	Enregistrés dans le délai prescrit,	acquièrent hypothèque du jour de leur date. *Art. X du déc.*
9.	A C T E S { Notariés et judiciaires }	Enregistrés après le délai prescrit	n'acquièrent la fixité de la date et l'hypothèque, que du jour de leur enregistrem. *Ar. IX et X du déc.*
10.	A C T E S EXPÉDIÉS, avec fausse mention d'enregistrement.	Si l'expéditon d'un acte contient fausse mention de la formalité de l'enregistrement, l'officier qui s'en sera rendu coupable, doit être condamné aux peines prononcé pour le faux matériel. *Art. VIII et IX du déc.*	
11.	A C T E NOTARIÉ, à défaut d'enregistrement, ne vaudra que comme acte sous signature privée.	L'article IX du décret porte qu'au défaut d'enregistrement dans les délais fixés, un acte passé devant notaire ne pourra valoir que comme un acte sous signature privée; que le notaire sera responsable envers les parties, des dommages qui pourront résulter de l'omission, et qu'il sera contraint, sur la demande des préposés, à payer deux fois le montant des droits, dont l'un sera à sa charge, l'autre à celle des contractans. Les parties, d'après le retard du notaire, pourront elles-même requérir cet enregistrement, en acquittant une fois ce droit, sauf leur recours contre le notaire à qui elles l'auroient déjà payé, et sauf aussi au préposé à poursuivre le notaire pour le second droit résultant de sa contravention.	
12.	A C T E S JUDICIAIRES dont le greffier n'aura pas reçu la somme des droits.	Que le greffier en ait reçu ou non les droits, il ne peut en délivrer d'expédition avant l'enregistrement, à peine de payer de ses deniers le double des droits. *Art. X du déc.* (*V. au surplus à la lettre* J, *art.* 4 *et* 5.)	
13.	A C T E S délivrés { En brevet ou par expédition. }	Avant d'avoir été soumis à la formalité de l'enregistrement, l'officier qui a reçu les actes, est tenu, si c'est un notaire, de payer deux fois le montant des droits, dont l'un à sa charge, et l'autre à celle des contractans, et sera interdit s'il y a récidive. *Article VIII et IX du décret.* Et si c'est un greffier, il payera de ses deniers deux fois le montant des droits. *Art. X du décret.*	
14.	A C T E S sous signatures privées. Contenant mutation d'immeubles réels ou fictifs.	Doivent être enregistrés dans les six mois qui suivront le jour de leurs dates, passé lequel délai, si un acte de cette nature est produit en justice, *ou énoncé* dans un un acte authentique, il sera assujetti au payement du double droit. *Art. XI du décret.*	
15.	A C T E S sous signatures privées, contenant	Inventaires, { Traités de mariage, Transmission de propriété ou d'usufruit de biens-immeubles, } A l'exception de ceux de commerce entre associés,	Ne pourront recevoir la formalité de l'enregistrement après le délai de six mois expiré, qu'en payant deux fois la somme des droits. *Art. XI du décret.*

ARTICLES.	A	QUOTITÉ des DROITS et peines, fixés par les décret et tarif.
16.	**ACTES** sous signatures privées. En général doivent être enregistrés, même les billets à ordre.	Avant d'être signifiés, produits en justice, et qu'il puisse être formé en conséquence aucune demande principale, incidente ou *en reconvention :* toute poursuite et signification faite au préjudice de cette disposition sera nulle. *Art. XI du décret.*	
16*bis.*	**ACTES** sous signatures privées, non contrôlés.	Les juges n'y auront aucun égard, et ne pourront rendre aucun jugement qui en dérive, avant que ces actes ayent été enregistrés. Les notaires et greffiers ne pourront aussi, sans ce préalable rempli, recevoir en dépôt lesdits actes (si ce n'est les testamens) en délivrer extrait ou copie collationnée, ni passer aucun acte ou contrats en conséquence desdits actes sous signatures privées, sans qu'ils ayent été enregistrés. *Art. XI. du décret.*	
17.	**ACTES** sous signatures privées, Quels sont les droits auxquels ils sont assujettis.	Tous les droits établis dans les classes et sections du tarif seront perçus sur les actes faits sous signatures privées, lorsqu'ils seront présentés à l'enregistrement, suivant la classe et section à laquelle ils appartiendront, sauf le double droit, pour les actes de la première classe seulement, et dans les cas exprimés par la loi. *Titre particulier à la suite de la 8e section de la troisième classe du tarif.*	
17*bis.*	**ACTES** exempts de l'enregistrement ou du payement des droits.	Les lettres de change tirées de place en place, Et leurs endossemens. Les extraits des livres des marchands concernant leur commerce. Et les mémoires d'avance et frais des officiers de justice..... } Lorsqu'ils ne contiendront point d'obligation. Les passeports délivrés par officiers publics. Les extraits des registres de... { Naissances, Mariages et Sépultures. *Art. XI du décret.* Les { Procès-verbaux, délibérations et autres actes.. } Faits et ordonnés par les corps municip. et administrat. passés à leurs greffes et secrétariats, et qui tiendront directement et immédiatement à l'exercice de l'administration intérieure et de la police. *Art. XIII du décret.* Exploits et significations { A la requête du ministère public, sans jonction de partie civile, faits soit par huissiers, soit par les brigadiers ou cavaliers de maréchaussée, et autres dépositaires de la force publique, pour la poursuite des crimes et délits. *Art. 2 de la 3e. classe du tarif.*	Exempts de droits.

ARTICLES.	A	QUOTITÉ des droits et peines , fixés par les décret et tarif.
Suite de Partic. 17*bis.*	**ACTES** exempts de l'enregistrement, ou du payement des droits.	Exempts de droits.

ACTES exempts de l'enregistrement, ou du payement des droits.

> Jugemens et expéditions d'iceux, préparatoires ou définitifs. } *En matière criminelle ,* à la requête comme dessus , du ministère public, sans partie civile. *Art. 5 de la deuxiè-section de la* 3e *classe du tarif.*

> Jugemens préparatoires et de pure instruction. . . . . } Des juges de paix

Art. 7 *de la* 4e. *section de la* 3e *classe du tarif.*

Prestation de serment des préposés à la recette du droit d'enregistrement. *Art. XV du décret.*

18. ACTES AUTHENTIQUES faits dans les pays où le contrôle étoit établi, qui n'auront pas subi toutes leurs formalités à l'époque de l'exécution du décret du 5 décembre 1790.

> Tous les actes publics , dans les pays ci-devant assujettis aux droits de contrôle , insinuation et accessoires, et qui à l'époque de l'exécution du Décret n'auront pas subi toutes leurs formalités , ne pourront être assujettis à plus grand droit que ceux fixés par les anciens Tarifs , pourvu qu'ils soient présentés dans le délai qui étoit prescrit.
> Mais les actes et *déclarations* dont la perception seroit plus avantageuse aux parties contractantes , sur le pied fixé par le nouveau Tarif, jouiront du bénéfice de ses dispositions , à compter du jour qu'il sera exécuté. *Article XXII du Décret.*

19. ACTES sous signatures privées , de date antérieure à l'époque de l'exécution du décret.

> Ne seront assujettis au droit d'enregistrement qu'autant qu'ils l'étoient à ceux d'insinuation et centième denier , ou dans le cas où il sera formé quelque demande en justice , ou passé quelqu'acte authentique en conséquence , et seulement *au simple droit Art.* XXIII *du décret.*

20. ACTES NOTARIÉS faits en justice, ou sous signatures privées, antérieurement à l'exécution du nouveau tarif , dans les pays où le contrôle n'étoit pas établi.

> Les actes en forme authentique, passés à l'époque de l'exécution du nouveau tarif, dans les pays du territoire françois qui n'étoient pas soumis au contrôle, auront leur exécution, sans être assujettis à la formalité de l'enregistrement.
> Quant aux actes sous signatures privées, passés dans les mêmes pays, aussi avant l'époque de l'exécution du nouveau tarif, ils seront enregistrés , lorsqu'il sera formé quelque demande ou passé quelques actes publics en conséquence , sans qu'on puisse exiger de doubles droits. *Art. XXIV du décret*

21. ACTES dont les droits auront eté perçus sur le pied de la cotte d'habitation dans la contribution personnelle. Il en sera tenu compte sur ceux à payer lors de la déclaration à faire à l'événement.

> Si une donation éventuelle ne transmet que des propriétés immobiliaires, il sera fait déduction des droits payés sur l'acte, lorsque le donataire, à l'événement de la mutation, fera la déclaration, et acquittera le droit d'enregistrement pour raison de ces immeubles. *Art. IV du décret.*
> *Voyez aussi le* 9e *article de la quatrième section de la première classe du tarif , où il est dit que sur les droits à acquitter par le survivant des* époux , à cause des propriétés mobiliaires et immobiliaires à lui échues en vertu de leurs contrats de mariage , testamens ou autres dispositions , il sera déduit ce qui *aura été payé par le survivant,* pour l'enregistrement du *testament* ou du *don mutuel.*

ARTICLES.	A	QUOTITÉ des DROITS et peines fixés par les décret et tarif.
22.	**ACTES** JUDICIAIRES. Si la première expédition a payé le droit proportionnel, il n'est dû qu'un droit fixe pour les autres.	Lorsque le droit proportionnel est dû, il ne peut être exigé (des actes qui ne doivent pas être enregistrés sur les minutes) que sur la première expédition, et il ne doit être payé pour les autres que le droit simple. *Voyez à la lettre J, art. 5.*	
23.	**ACTES**	Des notaires, et ceux de greffiers reçus volontairement, ainsi que ceux judiciaires dont il résultera transmission de propriété ou de jouissance d'immeubles. Il en doit être tenu *répertoire* par jour, soit que les actes soient délivrés en brevet ou qu'il en reste minute, même les testamens, à peine de 50 livres pour chaque omission. *Art. XIV du décret.*	50 liv. pour chaque omission.
24.	**ACTES EN GÉNÉRAL** faits et ordonnés par les corps municipaux et administratifs.	Tous les procès-verbaux, délibérations et autres actes faits et ordonnés par les corps municipaux et administratifs, qui seront passés à leurs greffes et secrétariats, et qui tendront directement et immédiatement à l'exercice de l'administration intérieure et de la police, seront exempts de la formalité et des droits d'enregistrement. À l'égard de tous les autres actes ci-devant assujettis aux droits de contrôle, et qui pourront être passés par lesdits corps municipaux et administratifs, notamment Les Marchés, Adjudications d'entreprises, Et les baux de biens communaux et nationaux. Ils seront sujets aux droits de l'enregistrement dans le délai d'un mois. *Art. XIII du décret.*	Dispensés de droits. Assujettis aux droits.
25.	**ACTES** dont les droits sont perceptibles sur le pied de la cotte d'habitation dans la contribution personnelle, aux termes de la deuxème classe du tarif.	Pour la règle à suivre, *voyez à la lettre* D, art. 9. Si les actes concernent les étrangers, *voyez à la lettre* C, art. 12.	
26.	**ACTES** dont l'objet n'excède pas 50 liv.	Tous les actes dont les sommes et valeurs n'excéderont pas 50 liv. et qui se trouvent compris dans la première classe, il ne sera perçu que la moitié du droit fixé pour cent livres dans chaque division. *Art. 2 de la 7e. section de la 1ere classe du tarif.*	Moitié du droit fixé par la 1ere classe du tarif.
27.	**ACTES EN GÉNÉRAL** même **D'EMPRUNT.**	Concernant l'aliénation et revente des biens nationaux. *Voyez à la lettre* V, art. 2.	
28.	**ADJUDICATIONS** et **VENTES.**	De coupes de bois nationaux, taillis ou futaies, à raison de ce qui en forme le prix.............. *Art. 5 de la 1ere sectisn de la 1ere classe du tarif.*	50 sous par 100 liv.
39.	**ADJUDICATIONS** et **VENTES.**	De bois-taillis ou futaies, autres que ceux nationaux, à raison de ce qui en forme le prix............ *Art. 2 de la 4e section de la 1ere classe du tarif.*	20 sous par 100 liv.
30.	**ADJUDICATIONS** et **VENTES.**	De meubles et de tous autres objets mobiliers, soit que ces ventes soient faites à l'enchère par autorité de justice ou autrement, à raison de tout ce qui en forme le prix................................ *Art. 2 de la 4e section de la 1ere. classe du tarif.*	20 sous par 100 liv.

ARTICLES.	A	QUOTITÉ des droits et peines, fixés par les décret et tarif.
31.	**ADJUDICATIONS** ET MARCHÉS. dont l'objet sera payé par le trésor public, ou les receveurs des départemens, districts et municipalités. { Pour constructions, Réparations, Entretien, Approvisionnemens, Et fournitures. *Art. 4 de la 1ere section de la 1ere classe du tarif.* } Est dû, à raison de leur objet........	5 sous par 100 liv.
32.	**ADJUDICATIONS** D'IMMEUBLES réels ou fictifs, en faveur des { Hôpitaux, Écoles { d'instruction et d'éducation, Et autres etablissemens publics de bienfaisance. } Il n'est dû que moitié des droits fixés par les trois classes du tarif.. *Voyez à la lettre D, art. 9.*	Moitié des droits ordinaires.
33.	**ACQUISITIONS** D'IMMEUBLES réels ou fictifs. { Par les hôpitaux et autres, autres comme est dit ci-dessus. } Même exception. *Voyez à la lettre H, art 9.*	Moitié des droits ordinaires.
34.	**ACTES** EN GÉNÉRAL. { Concernant les hôpitaux, et autres, comme est dit ci-dessus. } MIme exception. *Voyez à la lettre H, art. 9.*	Moitié des droits ordinaires.
35.	**ADJUDICATIONS.** { De biens-immeubles réels ou fictifs, à raison du prix à des charges imposées à l'adjudicataire........... *Voyez à l'article ci-après.*	40 sous par 100 liv.
36.	**ACTES** contenant... *Hors en directe.* { Vente.............. Adjudication............... Cession................. Rétrocession........... Licitation.. { Portant adjudition à d'autres que les copropriétaires De command, D'ami, Et autres de même nature, faites après les six mois du jour des acquisitions......... } Déclarations { Baux à rente.............. Baux au-dessus de trente ans, ou à vie sur plus d'une tête.... Et les Contrats et engagemens. { pignoratifs au-dessus de 12 ans... } } D'immeubles réels ou fictifs, est dû même en cas de réserve de l'usufruit, sur le prix exprimé sans fraude, y compris le capital des redevances et de toutes les charges dont l'acquéreur est tenu... *Art. 1er, de la 6e sect. de la 1ere classe du tarif.*	40. sous par 100 liv.
	Nota. Si dans ces actes se trouvoient compris des meubles, le droit en seroit payé comme des immeubles, c'est à dire à raison de 40 sous par cent livres sur tout le prix, s'il n'est stipulé pour les meubles un prix particulier; mais si ce prix particulier est stipulé, alors il ne sera dû pour les meubles que.................... *Art. 1 de la 6e. sestion de la 1ere classe du tarif.*	20 sous par 100 liv.
37.	**ASSURANCES** ET { A raison de la valeur de la prime, doivent.... *Art. 8 de la 1.re sect. de la 1.re classe du Tarif.*	5 sous par 100 liv.
38.	ABANDONNEMENS faits en conséquence. { A raison de la valeur des objets abandonnés... Mais en temps de guerre, les droits seront réduits à moitié...................... *Même article 8 de ladite première section.*	5 sous par 100 liv. 5 sous 6d par 100 liv.

ARTICLES	A		QUOTITÉ des DROITS et peines, fixés par le décret et tarif.
39.	ABANDONNEMENT.	{ De biens, pour être vendus en direction...... *Art. 1er. de la 7e. sect. de la 3e. classe du Tarif.*	6 livres fixes.
40.	ATERMOIEMENT entre un débiteur et ses créanciers.	{ Lorsqu'ils lui font la remise d'une partie aliquote du principal de leurs créances, est dû, à raison du montant des sommes que le débiteur s'oblige de payer... *Art. 6 de la 1ere sect. de la 1ere classe du tarif.* Mais lorsqu'il ne lui sera fait aucune remise sur les capitaux, sera dû.................... *Art. 4 de la 2e sect. de la 1ere classe du tarif*	5 sous par 100 liv. 10 sous par 100 liv.
41.	ACTES et Arrêtés de comptes.	{ Qui contiendront obligation de sommes déterminées sans libéralité, et sans que l'obligation soit le prix de la transmission d'aucuns objets mobiliers ou immobiliers, sera payé à raison des sommes................ *Art. 1er. de la 3e sect. de la 1ere classe du tarif.*	15 sous par 100 liv.
42.	ACTES maritimes...	Engagemens de matelots, Gens de mer et d'équipage, et Les quittances de leurs salaires. — A raison d'un droit de pour chaque engagement, ou quittance, sans égard aux sommes stipulées dans ces actes. *Art. 2 de la 1ere sect. de la 1ere classe du tarif.* Les { connoissemens ou reconnoissances — Des chargemens par mer, à raison d'un droit de.... par chaque personne à qui les envois seront adressés. *Art. 2 de la 2e. sect. de la 3e classe du tarif.* Les contrats d'assurance, à raison de la valeur de la prime............................ et Les abandonnemens faits en conséquence, sur le pied des objets abandonnés........,..... Mais en temps de guerre, les droits seront réduits à moitié........................ *Art. 8 de la 1ere sect. de la 1ere classe du tarif.* Les obligations à la grosse aventure et pour retour des voyages.................... *Art. 7 de la même 1ere section.*	5 sous fixes. 10 sous fixes. 5 sous par 100 liv. 5 sous par 100 liv. 2 sous 6d par 100 liv. 5 sous par 100 liv.
43.	ACTES DE RESPECT, ou Sommations respectueuses.	{ Quel que soit l'officier public qui fera la notification de ces actes........................ Excepté par huissiers, il ne sera dû que...... *Art. 1er de la 4e section de la 3e classe du tarif, et art. 2 de la 3e. sect. de la 3e. classe.*	20 sous fixes. 15 sous fixes.
44.	ACTES qui opéreront la réunion de l'usufruit à la propriété.	{ Lorsque le droit aura été acquitté sur la valeur entière de l'immeuble sujet à l'usufruit, il ne sera dû pour l'acte de réunion à l'usufruit, que.......... *Art. 4 de la 4e. sect. de la 3e. classe du tarif.*	20 sous fixes.

	A.	QUOTITÉ des DROITS et peines, fixés par le décret et tarif.

ARTICLE.

45.

ACTES
et contrats qui ne contiendront que des dispositions préparatoires et de pure formalité, ou qui ne seront seulement que l'exécution, le complément et la consommation de contrats antérieurs et en forme tels que :

Procurations...............
Compromis...............

Nominations. { d'experts..............
d'arbitres..............

Simples décharges...............
Les partages d'immeubles sans soulte ni retour....

Procès-verbaux { autres que ceux pour impôts et contravention aux règlemens de police générale............

Déclarations... }
Consentemens.. } purs et simples............

Actes de notoriété..............
Certificats de vie...............
Certificats simples...............
Affirmations...............
Attestations...............
Oppositions...............
Protestations...............
Ratifications d'actes en forme...............

Abstentions et renonciations... { à successions, communauté ou legs, à raison d'un droit pour chaque succession ou legs.

Assemblées de parens ou d'habitans...............
Autorisations...............
Délivrances de legs...............
Actes de respect ou sommations respectueuses, autres que par huissiers...............
Désistement de demande ou d'appel avant jugement...

Résilimens.... { de marchés et de toutes espèces de conventions, avant que leur exécution ait été entamée, même des contrats de vente d'immeubles, avant que l'acquéreur soit entré en jouissance ou payement du prix de l'acquisition...

Déclarations.. { de command ou d'ami... { faites dans les six mois qui suivront les ventes et adjudications, et en vertu de réserves expressément stipulées par les contrats et jugemens, et aux mêmes conditions que l'acquisition......

Art. 1er de la 4e. sect. de la 3e. classe du tarif.
Titres-nouvels...............
Prises de possession...............
Dépôts et consignations chez les officiers publics.....
Et généralement tous les actes et contrats qui ne contiendront que l'*exécution*, le *complément* et la *consommation* de contrats antérieurs et immédiats, *soumis à la formalité*, sans qu'il intervienne aucunes personnes désintéressées dans les premières conventions.
Néanmoins les droits des actes ci-dessus énoncés ne pourront excéder ceux qui auront été perçus sur les contrats précédens auxquels ils auront rapport.
Art. 2 de la 4e. sect. de la 3e. classe du tarif.

20 sous fixes.

PORTANT

ARTICLES.	A	QUOTITÉ des DROITS et peines, fixés par les décret et taaif.

PORTANT

	Nominations de { Tuteurs................. curateurs.............. commissaires............ Directeurs............. ou Séquestres...........	
	Appositions et reconnoissances....... } de scellés, par chaque vacation.	
	Clôture d'inventaire en justice........	
	Jugemens qui donnent acte.. { d'appel.............. d'affirmation........... d'acquiescement..	
	Autorisation....................	
46. ACTES judiciaires. Les expéditions d'iceux définitifs, non applicables à la 1ᵉʳᵉ classe du tarif, rendus en première instance par les tribunaux de districts.	Jugemens qui ordounent qu'il sera procédé...... { à partage............. vente................ licitation............. inventaire............	40 sous fixes.
	Jugemens tant..... { reconnoissance ou maintien. } d'hypothèque.. conversion d'opposit. en saisie. débouté... { d'appel........ ou d'opposition. décharge de demande..... déclinatoire............ publication de donations.... entérinement.. { de lettres..... de procès-verb. et rapports, sans qu'il en résulte partage effectif ou mutation... main-levée. { d'oppositions... ou de saisie.... maintenue en possession.... nantissement. soumission et exécution. { de jugement....	
	Acceptations. { de successions ou legs qui n'ont pas une valeur déterminée. } A raison d'un droit pour chaque legs ou succession........	

Et généralement tous les actes et jugemens définitifs des tribunaux de district, rendus contradictoirement ou par défaut, en première instance, et qui ne sont pas applicables à la première classe du tarif.

L

ARTICLES.	A			QUOTITÉ des DROITS et peines, fixés par les décret et tarif.

47.	ACTES ENTRE-VIFS, ou à cause de mort, contenant	Donations éventuelles d'objets indéterminés. Rappels à succession. Institutions contractuelles, Et autres dispositions de biens à venir. *Art.* 1 *et* 2 *de la* 2ᵉ *classe du tarif*	Non en directe, le droit sera perçu.	A raison du 15ᵉ du revenu présumé et évalué d'après la cote d'habitation dans la contribution personnelle des contractans, et sans que le droit puisse cependant être moindre de 30 sous.
		Exhérédations tant qu'elles et substitutions, subsisteront. Mais il ne sera perçu qu'un droit pour celles faites par une personne dans le même acte ; et si la substitution est de biens désignés susceptibles d'évaluation, qui donneront ouverture à un même droit, en le réglant sur le pied des valeurs, telle qu'elle est fixée par la quatrième section de la première classe, en ce cas le droit sera perçu sur ce pied.......... *Art.* 3 *de la* 2ᵉ *classe du tarif.* *Voyez au surplus à la lettre* D, *art.* 9.	En directe, il ne sera payé que le demi-droit. *Art.* 4 *de la* 2ᵉ *classe du tarif.*	Moitié du droit ordinaire.
			....	Le droit perceptible sur la valeur des biens.
48.	ACTES CIVILS OU JUDICIAIRES, portant.	Interdiction ou séparation de biens entre maris et femmes.	Est dû.................. sauf cependant à percevoir le droit sur le montant des condamnations et liquidations, dans le cas où celles prononcées par le jugement donneroient ouverture à de plus grands droits. *Art,* 1ᵉʳ *de la* 7ᵉ *section de la* 3ᵉ *classe du tarif.*	12 sous fixes.
49.	ACTES JUDICIAIRES, passés au greffe ou à l'audience.	qui seront simplement	préparatoires.............. de formalité.............. ou d'instruction............. *Exceptés*	20 sous fixes.
		Ceux des tribunaux de districts, en matière de contribution, de délits et contraventions qui sont désignés dans la seconde section de la troisième classe du tarif. *Art.* 7 *de la* 4ᵉ. *section de ladite* 3ᵉ. *classe.*		10 sous fixes.
		Et ceux des Juges de paix, qui sont déclarés exempts de tous droits d'enregistrement. *Voyez cependant à la lettre* J, *article* 3.		Exempts de formalité.
50.	APPOSITION et reconnoissance	de scellés, pour chaque vacation............. 5ᵉ *section de la* 3ᵉ. *classe du tarif.*		40 sous fixes.
51.	ACTE	D'appel, D'affirmation ou d'acquiescement. 5ᵉ. *section de la* 3ᵉ. *classe du tarif.*	Le jugement qui donne acte de ces dispositions aux parties, doit.....	40 sous fixes.
52.	AUTORISATION	en justice ou devant un notaire. *Art.* 1ᵉʳ *de la* 4ᵉ. *section de la* 3ᵉ. *classe du tarif.*	doit.................	20 sous fixes.
53.	ASSEMBLÉE	de parens ou d'habitans, *Art.* 1ᵉʳ *de la* 4ᵉ *section de la* 3ᵉ *classe du tarif.*	doit...................	20 sous fixes.

ARTICLES.	A	QUOTITÉ des DROITS et peines, fixés par les décret et tarif.
54.	**ACCEPTATIONS.** { de successions ou de legs, qui n'ont pas une valeur déterminée, } à raison d'un droit pour chaque legs ou succession. *5e. section de la 3e. classe du tarif.*	40. sous fixes.
55.	**A C T E** de notoriété. { doit............................... *Art. 1er de la 4e. sect de la 3e. classe du tarif.*	20 sous fixes.
56.	**AFFIRMATION** en justice, { doit............................... *Art. 1er de la 4e. sect. de la 3r. classe du tarif.*	20 sous fixes.
57.	**ATTESTATIONS** ou certificats, { doivent............................ *Art. 1er de la 4e. sect. de 3e. classe du tarif.*	20 sous fixes.
58.	**ABSTENTION de** { communauté, succession ou legs, } à raison d'un droit pour chaque succession ou legs, doit...... *Art. 1er de la 4e. sect. de la 3e. classe du tarif.*	20 sous fixes.
59.	**ARBITRES,** { Leurs nominations doivent................ *Art. 1er de la 4e. sect. de la 3e. classe du tarif.*	20 sous fixes.
60.	**A P P E L S.** { Les significations et déclarations d'appel, { au tribunal de district, des sentences rendues par les juges de paix.............. *Art. 3 de la 6e. section de la 3e. classe du tarif.* des jugemens des tribunaux de districts.............. *Art. 3 de la 7e. sect. de la 3e. classe du tarif.*	3 livres fixes. ⟨⟩ 6 livres fixes.
61.	**ACTES REFAITS,** { Pour nullité ou autres causes, sans aucuns changemens qui ajoutent aux objets des conventions, ou à leur valeur........................... *Art. 5 de la 4e. sect. de la 3e. classe du tarif.*	20 sous fixes.
62.	**ACTES CIVILS** ou **JUDICIAIRES,** { Qui ne pourront recevoir d'application positive à aucune des classes ou sections du tarif, payeront. *Art. 9 de la 4e section de la 3e classe du tarif.*	20 sous fixes.
63.	**ACTES CIVILS** ou **JUDICIAIRES,** { Dont le droit ne doit pas excéder celui perçu sur les actes précédens auxquels ils ont rapport. } *Voyez ci-dessus, art. 45.*	Droit limité à celui des actes antérieurs.
64.	**AMENDES** et **AUMÔNES,** et toutes autres peines pecuniaires dont les préposés doivent faire la recette. { Les amendes d'appel. Ainsi que celles qui ont lieu, ou qui pourront être réglées dans les cas.......... { De cassation. Déclinatoire. Réintégrande. Évocation. Inscription de faux. Tierce opposition. Récusation de juge. Et requête civile. Et les amendes et aumônes, et toutes autres peines pécuniaires... { Prononcées par forme de condamnation, { Crimes et délits. Faits de police. Pour { Contravention aux règlemens des manufactures, et autres. A la charge par les préposés, de rendre aux parties intéressées, la part les concernant, *sans aucuns frais. Article XIX du décret.*	

L 2

ARTICLES.	A	QUOTITÉ des DROITS et peines, fixés par les décret et tarif.

65. ACADÉMIES. { Pour les droits à payer pour les acquisitions que feront ces établissemens. *Voyez la lettre* H *, art.* 9.

66. AMENDES ou peines pour contraventions, ou négligences, relatives à la formalité et acquits du droit d'enregistrement.

LES PARTIES.

Demi-droit en sus du simple, pour défaut de déclaration dans les six mois après le jour du décès, par les héritiers, légataires et donataires éventuels, de biens immobiliers. *Article XII du décret.* — Demi - droit en sus du simple

Un droit en sus du simple, pour défaut d'enregistrement dans les six mois après le jour de leurs dates, des actes judiciaires, sentences arbitrales, transactions des bureaux de paix, contenant transmission de biens-immeubles réels ou fictifs. *Article X du décret* . . . . — Un demi-droit en sus du simple.

Un droit en sus du simple, pour l'enregistrement après les six mois expirés, des actes sous signatures privées, contenant transmission de propriété ou d'usufruit, d'immeubles réels ou fictifs, traité de mariage, ou inventaire, (à l'exception de ceux de commerce entre associés), *Art. XI du décret* . . . . — Un droit en sus du simple.

Un droit en sus du simple, sur l'omission ou insuffisance d'estimation dans les déclarations, soit des biens, soit de la quotité réelle de l'imposition territoriale. *Art. VI du décret* . . . . — Un droit en sus du simple.

LES NOTAIRES.

Un droit en sus du simple, et la responsabilé des dommages envers les parties, pour tous actes non enregistrés dans le délai prescrit. *Art. IX du décret* . . . . — Un droit en sus du simple.

Un droit en sus du simple, et l'interdiction s'il y a récidive, pour tous actes délivrés, soit en brevet, soit en expédition, avant qu'ils aient été enregistrés. *Art. VIII du décret.* . . . . — Un droit en sus du simple.

LES GREFFIERS.

50 *liv. pour chaque article omis* d'être porté sur leur répertoire. *Art. XIV du décret.* . . . . — 50 liv. pour chaque omission.

Deux fois la somme des droits, de leurs deniers, pour chaque expédition délivrée avant l'enregistrement. *Art. X du décret.* . . . . — Deux fois la somme des droits.

LES HUISSIERS.

50 livres pour chaque article omis d'être porté sur leur répertoire. *Art. XIV du décret.* . . . . — 50 liv. pour chaque omission.

10 *liv. et la nullité*, pour chaque exploit ou acte, non soumis à l'enregistrement dans le délai prescrit. *Art. VIII et IX du décret.* . . . . — 10 liv. pour chaque omission.

10 *liv.* aussi pour chaque exploit ou acte omis d'être porté sur leur répertoire. *Art. XIV du décret.* — 10 liv. pour chaque omission.

Et de plus, en cas de fausse mention d'enregistrement par les notaires et huissiers, ils doivent être condamnés aux peines prononcées pour le faux matériel. *Art. VIII et IX du décret.* . . . . — Mêmes peines que pour le faux matériel.

67. ACTES DE DÉPÔT des testamens notariés ou olographes.

Doivent être inscrits sur le répertoire de l'officier qui recevra le dépôt, sans autre indication que celle de la date de l'acte et du nom du testateur, et sans que le préposé puisse prendre communication de ces actes, ni aucune note qui y soit relative avant le décès des testateurs. *Art. XIV du décret.*
(*Voyez aussi à la lettre* N *, art.* 8.)

ARTICLES.	B		QUOTITÉ des DROITS et peines, fixés par les décret et tarif.
68.	ACTES { CIVILS ou judiciaires ne sont plus sujets à vé-rification, après l'année de leur date.	Une année après le jour de la date des actes, les préposés ne peuvent, *sans ordonnance du juge*, en requérir la lecture : ils doivent même indiquer les noms des parties contractantes et la date des mi-nutes dont ils voudront avoir la communication ; et s'ils en demandent des expéditions, elles leur seront délivrés, en payant 2 sous 6 den. par chaque extraits ou rôle d'expédition, outre les frais de papiers timbré. *Art. XIV du décret.*	

B

1er.	BUREAUX pour l'enregistrement.	Des actes civils et judiciaires, et pour la perception des droits qui en résulteront, ainsi que pour les dé-clarations d'immeu-bles réels ou fictifs.	Il en sera établi dans toutes les villes où il y a chef-lieu d'administration ou tribunal de district, et en outre dans les cantons où ils seront jugés nécessaires, après avoir enten-du les directoires de districts et de département.
		Art. XV du décret.	
2.	BUREAUX pour l'enregistrement des actes civils, etc.	Leur arrondissement ne pourra s'étendre sur aucune paroisse qui ne seroit pas du même district. *Art. XV du décret.*	
3.	BUREAUX pour l'enregistrement des actes civils, etc.	On ne pourra à l'avenir y proposer aucun notaire, procureur, greffier, ni huissier, non plus qu'aucun juge ni commissaire du roi. *Art. XV du décret.*	
4.	BAUX des biens *communaux et natio-naux*, et autres actes.	Concernant les corps administratifs et munipaux. (*Voyez à la lettre* C, *art.* 4.) *Voyez aussi art. XIII du décret.*	
5.	BAUX A FERME ou à loyer au-dessous de 30 ans, d'immeubles réels.	D'une seule année, à raison de ce qui en formera le prix........ *Art. 2 de la 4e sect. de la 1ere classe du tarif* Au-dessus d'une année jusqu'à douze inclusivement, Et les Sous-baux...... { Desdits baux, Sera perçu, à Cessions........ { s'ils doivent durer raison du prix Subrogations. ... { encore plus d'une de la location ou Rétrocessions. { année... annuelle. *Art. 4 de la 5e. sect. de la 1ere classe du tarif.* Et pour les mêmes baux au-dessus de douze ans jusqu'à trente inclusivement, Ainsi que pour les sous-baux, ect. si leur durée doit excéder douze années, sera perçu à raison du prix de la location annuelle................. *Art. 2 de la 7e sect. de la 1ere classe du tarif.*	15 sous par 100 liv. 30 sous par 100 liv. 3 livres par 100 liv.
6.	BAUX A FERME ou à loyer, d'immeubles réels, } au-dessus de 30 ans, {	A raison du capital d'une année de la redevance....... *Art. 1er de la 6e section de la 1ere classe du tarif.*	40 sous par 100 liv.
7.	BAUX EMPHYTÉOTIQUES au-dessus de 30 ans. }	*Voyez l'article ci-dessus.*	

ARTICLES	B	QUOTITÉ des DROITS et peines, fixés par les décret et tarif.
8.	**BAUX A VIE** d'immeubles récle. — Sur une tête, à raison du capital, au denier dix, de la redevance.............................. *Art. 8 de la 4ᵉ sect. de la 1.ʳᵉ classe du Tarif.*	20 sous par 100 liv.
	Et sur plus d'une tête, à raison aussi du capital, au denier dix, de la redevance................... *Art 1ᵉʳ. de la 6ᵉ sect. de la 1ᵉʳᵉ classe du tarif.*	40 sous par 100 liv.
9.	**BAUX** DE PATURAGES, — jusqu'à douze années inclusivement, sur le pied d'une année de la location......................... *Art. 10 de la 1ᵉʳᵉ sect. de la 1ᵉʳᵉ classe du tarif.*	5 sous par 100 liv.
	Pour ceux au-dessus de douze années jusqu'à trente inclusivement, sur le pied aussi d'une année de la location...................................... *Art. 5 de la 5ᵉ sect. de la 1ᵉʳᵉ classe du tarif.*	3o sous par 100 liv.
10.	**BAUX** DE NOURRITURE des enfans mineurs. — A raison de la location annuelle ou prix d'une année. *Art. 3 de la 1ᵉʳᵉ. sect. de la 1ᵉʳᵉ. classe du tarif.*	5 sous par 100 liv.
11.	**BAUX** à rente d'immeubles. — Sur le capital, à raison de.................... *Art. 1ᵉʳ de la 6ᵉ. sect. de la 1ʳᵉ. classe du tarif.*	40 sous par 100 liv.
12.	**BAUX A CHETEL,** et reconnoissance. — de bestiaux. Sur l'évaluation qui se trouvera dans l'acte ou à défaut, d'après l'estimation qui sera faite du prix des bestiaux..... *Art. 9 de la 1ʳᵉ. sect. de la 1ʳᵉ classe du tarif.*	5 sous par 100 liv.
13.	**BILLETS A ORDRE,** — en conséquence desquels il sera formé quelque demande principale, incidente ou en reconvention.... *Art. XI du décret, et art. 3 de la 1ᵉʳᵉ section de la 1ʳᵉ classe du tarif.*	5 sous par 100 liv.
14.	**BÉNÉFICE.** — d'âge, d'inventaire et de rescision. Par acte ou jugement, en quelque nombre que soient les impétrans......... *Art. 1ᵉʳ de la 7ᵉ sect. de la 3ᵉ classe du Tarif.*	6 livres fixes.
15.	**BIENS** COMMUNAUX. — Pour les baux d'iceux, *voyez art. 4 ci-dessus*, et la lettre C, *aussi art. 4.*	
16.	**BIENS NATIONAUX.** — Pour les baux d'iceux, *voyez comme à l'article ci-dessus.* Et pour le droit d'enregistrement des actes D'aliénation, Ventes, Reventes et Subrogation de ces biens, Ainsi que des actes d'emprunts faits les les concernant. *Voyez à lettre V, art. 2.*	
17.	**BUREAUX** DE PAIX. — Les transactions par eux passées qui contiendront transmission de biens-immeubles, réels ou fictils, seront enregistrées sur les minutes, dans le délai d'un mois au bureau établi près la justice du greffier. *Sʳ. X du décret. (Voyez à la lettre G, art. 3 et 4.)*	
	C	
1ᵉʳ.	**CONTRIBUTION** personnelle, lorsqu'elle doit servir à fixer les droits des actes. — Pour la règle à suivre, *voyez à la lettre D, art. 6 et 9.*	

ARTICLES.			QUOTITÉ des DROITS et peines, fixés par les décret et tarif.
	C		

2.	CONTRAVENTIONS relatives à l'enregistrement des actes et déclarations.	Sont prescrites après le laps de trois ans. *Art. XVIII du décret.*	
3.	COLLECTEURS des CONTRIBUTIONS ET TOUS DÉPOSITAIRES de rôles desdites contributions.	Directes, personnelles et foncières, { Doivent donner communication de ces rôles aux préposés à la perception des droits d'enregistrement, et leur en laisser prendre des extraits à toute réquisition sur papier libre, et les certifier sans frais. *Art. XX du décret.*	
4.	CORPS	municipaux et administratifs, { Actes par eux faits ou ordonnés, et passés à leurs greffes, Tels que Procès-verbaux, délibérations, et autres actes qui tiendront directement et immédiatement à l'exercice de l'administration intérieure et de la police, seront exempts de la formalité et des droits d'enregistrement. A l'égard de tous les autres actes ci-devant assujettis aux droits de contrôle, et qui pourront être passés par lesdits corps municipaux, et administratifs, notamment, Les { Marchés et adjudicattons d'entreprises, ET Baux de biens { communaux et nationaux; } ils seront sujets au droit d'enregistrement dans le délai d'un mois. *Art. XIII du décret.*	Dispensés de la formalité et des droits. Assujettis aux droits.
5.	CAUTIONNEMENS	des trésoriers, receveurs et commis, , Pour sûreté des deniers qui leur sont confiés, *Art. 2 de la 1er section de la 1ere. classe du tarif.*	5 sous par 100 liv.
6.	CAUTIONNEMENS faits et reçus en justice,	Dans quelques tribunaux que ce soit ...... { Pour des sommes déterminées................ *Art. 1er de la 1re. sect. de la 1re. classe du tarif.*	5 sous par 100 liv.
7.	CAUTIONNEMENS et INDEMNITÉS,	Autre que ceux ci-dessus............ { De sommes en valeurs déterminées................ *Art. 3 de la 2e sect. de la 1re classe du tarif.* *Nota.* Par la 6e section de la 3e classe du tarif, le droit des indemnités dont l'objet n'est pas estimé, est fixé à *trois livres.*	10 sous par 100 liv.
8.	CONTRATS DE MARIAGE.	Si le droit d'enregistrement en est perçu sur les revenus présumés des contractans, d'après la cotte d'habitation, *voyez la lettre D, art. 9.* Il sera perçu de plus, les droits auxquels pourront donner lieu les dispositions faites en faveur des conjoints, par des collatéraux ou étrangers. *Voyez la lettre D, art. 9, et l'art. 6 de la 2e classe du tarif.*	

ARTICLES.	C		QUOTITÉ des droits et peines, fixés par les décret et tarif.
9.	CONTRATS DE MARIAGE.	On a l'option d'en régler le droit d'enregistrement, soit sur les sommes, soit à raison des contributions personnelles, sur le pied fixé par la 2ᵉ classe du tarif. *Voyez au surplus l'art. ci-après, et l'art. 1ᵉʳ de la 2ᵉ. section de la 1ᵉʳᵉ classe du tarif.*	
10.	CONTRATS DE MARIAGE.	Le droit d'enregistrement, soit qu'il soit perçu sur les sommes et biens, soit qu'il soit liquidé sur le pied de la 2ᵉ. classe du tarif, ne peut être moindre de..... *Art. 1ᵉʳ de la 2ᵉ. sect. de la 1ᵉʳᵉ classe du tarif.*	30 sous fixes.
11.	CONTRATS DE MARIAGE passés devant notaires, et avant la célébration.	Quelques conventions que ces actes contiennent entre les futurs époux et leurs pères et mères, à raison de toutes les sommes, biens et objets qui y sont désignés, comme appartenant aux conjoints, ou leur étant donnés, cédés ou constitués en directe, doivent... A l'égard des cessions et donations qui leur seront faites par des parens collatéraux ou par des étrangers, les droits en seront perçus sur le pied de vingt sous par cent livres, fixés par la quatrième section de la première classe du tarif, pourvu que ce soit d'objet présens et désignés.............................. Et s'il s'agit au contraire de biens à venir, le droit sera réglé sur le pied de la seconde classe, c'est-à-dire, d'après le revenu présumé par la cotte d'habitation de la contribution personnelle des contractans. *Voyez à ce sujet la lettre D, art. 6 et 9, et la 2ᵉ classe du tarif.*	10 sous par 100 liv. 20 sous par 100 liv. A raison de la cotte d'habitation dans la contribution personnelle.
12.	CONTRATS OU TRAITÉS DE MARIAGE faits sous seing-privé, dans les pays où ils sont autorisés par les usages loix et coutumes.	Le droit d'enregistrement de ces contrats de mariage, ne pourra être moindre, au total, de trente sous ; et dans tous les cas, il pourra être réglé sur le pied, soit de la première, soit de la seconde classe, c'est-à-dire, soit sur le pied de dix sous, ou de vingt sous par cent, soit d'après la cotte d'habitation dans la contribution personnelle des contractans...................... *Voyez à la lettre D, art. 9 et 14. Voyez aussi art. 1ᵉʳ de la 2ᵉ sect. de la 1ᵉʳᵉ classe du tarif, et les art. 4 et 5 de la 2ᵉ. classe, où il se trouve des explications essentielles pour connoître les divers droits perceptibles sur les contrats de mariage.* Qui seront présentés à l'enregistrement dans le délai de six mois après leur date, à raison des sommes, biens et objets énoncés appartenir aux conjoints, ou qui leur seront constitués en ligne directe, sera payé........ *Art. 4 de la 3ᵉ. sect. de la 1ᵉʳᵉ. classe du tarif.* Sans préjudice des droits résultans des donations qui pourroient être faites aux conjoints par les collatéraux ou étrangers, et qui seroient perceptibles, comme il est dit à l'article précédent. *Art. 1ᵉʳ de la 2ᵉ section de la 3ᵉ classe du tarif.* *Nota.* Lorsque les contrats de mariage sous seing-privé ne seront soumis à l'enregistrement qu'après les six mois de leur date, il sera dû le double des droits. *Article XI du Décret.*	30 s. fixes, ou moins. 15 sous par 100 liv. Double droit.

CONTRATS

ARTICLES.	C		QUOTITÉ des DROITS et peines, fixés par les décret et tarif.
13.	**CONTRATS** DE MARIAGE passés devant notaires, postérieurement à la célébration.	Il est dû comme à l'article précédent, pour ce qui appartient aux conjoints, ou leur est donné en directe. Et pour les avantages qui leur sont faits autrement qu'en ligne directe, les droits en sont perceptibles comme il est dit à l'art. 11 ci-dessus. *Voyez art. 4, de la 3e section de la 1ere classe du tarif.*	15 sous par 100 liv.
14.	**CESSIONS** ou **DONATIONS** par contrat de mariage,	Soit de meubles ou immeubles, aux futurs époux, par des parens collatéraux ou étrangers, Sera payé, s'il s'agit de biens présens et désignés................. Et s'il s'agit de biens à venir, le droit sera réglé comme il est dit, *article* 11 ci-dessus.................. *Art. 1er de la 2e section de la 1ere classe du tarif.*	20 sous par 100 liv. A raison de la cotte d'habitation dans la contribution personnelle.
15.	CONTRATS ou ACTES dont les droits doivent être liquidés d'après la cotte d'habitation dans la contribution personnelle des contractans.	Si l'on refuse de faire déclaration du montant de la cotte d'habitation dans la contribution personnelle, le préposé est fondé à exiger un droit de............. *Art. 6 de la 2e classe du tarif. (Voyez au surplus la letire D, art. 9.)*	100 liv. provisoirem.
16.	MÊMES **CONTRATS** que dessus, les parties ne se trouvant pas imposées à la contribution personnelle.	Si les contractans ne sont pas imposés à la contribution personnelle, *à cause de la modicité de leurs facultés*, en ce cas, les actes en question ne seront sujets qu'à un droit de...................... *Art. 6 de la 2e classe du tarif.*	30 sous fixes.
17.	MÊMES **CONTRATS** concernant des étrangers.	Ils seront assujettis au mêmes règles et aux mêmes droits que tous autres, et dans le cas où les étrangers n'auroient pas été imposés à la contribution personnelle, le droit sera réglé sur la déclaration qu'ils seront tenus de faire de leurs revenus. *Voyez le dernier alinéa de l'article 6 de la 2e clase du tarif.*	
18.	**CONTRATS** dont l'objet n'excédera pas 50 liv.	Pour tous les actes compris dans la première classe dont l'objet n'excédera pas 50 liv. il ne sera perçu que moitié du droit fixé pour 100 liv. dans chaque division. *Art. 2 de la 7e section de la 1ere classe du tarif.*	
19.	**CONTRAT** contenant obligation ou promesse de payer.	Si c'est de sommes déterminées, sans libéralité et sans que l'obligation soit le prix de la transmission d'aucuns objets mobiliers ou immobiliers. sera payé......... *Art. 1er de la 3e sect. de la 1ere classe du tarif.*	15 sous par 100 liv.
20.	COMPTES ARRÊTÉS.	Les arrêtés de comptes qui contiendront obligation de sommes déterminées, sans libéralité et sans que l'obligation soit le prix de la transmission d'aucuns objets mobiliers ou immobiliers, sera payé......... *Art. 1er de la 3e sect. de la 1ere classe du tarif.*	15 sous par 100 liv.

M

ARTICLES.	C			QUOTITÉ des droits et peines, fixés par le décret et tarif.
21.	CONSTITUTIONS DE RENTES	perpétuelles ou viagères.	doivent sur le pied de............ *Art. 1er de la 4e section de la 1re classe du tarif.* Nota. Pour les reconstitutions de rentes dues par l'état, *voyez à la lettre R, art. 12.*	20 sous par 100 liv.
22.	CESSIONS DE	Biens meubles, Coupes de bois taillis ou futaies, autres que ceux nationaux, Et de tous autres objets mobilier.	soit que ces ventes soient faites à l'enchère, par autorité de justice ou autrement, à raison de tout ce qui en formera le prix.... *Art. 2 de la 4e sect. de la 1re classe du tarif.*	20 sous par 100 liv.
23.	CESSIONS de biens-immeubles réels ou fictifs.	Entre co-propriétaires.	Passées devant les officiers publics, à raison du prix de ce qui sera transporté aux cessionnaires.......... *Art. 3 de la 4e sect. de la 1re classe du tarif.*	20 sous par 100 liv.
24.	CESSIONS de biens-immeubles réels ou fictifs.	En directe, hors contrats de mariage.	Sera payé.................... *Art. 4 de la 4e sect. de la 1re classe du tarif.*	20 sous par 100 liv.
25.	CESSIONS ou VENTES	D'usufruit, non en directe,	d'immeubles réels ou fictifs, par des héritiers, légataires et donataires éventuels, à raison du prix stipulé.................... *Art. 8 de la 4e sect. de la 1re classe du tarif.*	40 sous par 100 liv.
			Nota. En directe, il ne seroit dû que........ *Voyez ci-après art. 26.*	20 sous par 100 liv.
26.	CESSION D'USUFRUIT, hors contrat de mariage,	En directe, par acte entre-vifs,	Des biens-meubles et immeubles; SAVOIR: A titre gratuit, sur la valeur entière. A titre onéreux, sur le prix stipulé. *Art. 5 de la 2e sect. de la 1re classe du tarif.*	10 sous par 100 liv. 20 sous par 100 liv.
27.	CESSIONS D'IMMEUBLES en propriété, non en directe, ni par contrats de mariage.		A raison du prix stipulé.................... *Art. 1er de la 6e sect. de la 4e classe du tarif.*	40 sous par 100 liv.
28.	CESSIONS de biens nationaux.		*Voyez à la lettre V, art. 2.*	
29.	CESSIONS de BAUX A LOYER ou à ferme,	ET pour les autres cessions dont il restera à expirer	D'une seule année, à raison de ce qui en formera le prix.......... *Art. 2 de la 3e sect. de la 1re classe du tarif.* Plus d'une année jusqu'à 12...... *Art. 4 de la 5e sect. de la 1re classe du tarif.* ET au-dessus de 12 ans jusqu'à 30.... *Art. 2 de la 7e sect. de la 1re classe du tarif.*	15 sous par 100 liv. 30 sous par 100 liv. 5 livres par 100 liv.
30.	CONTRE-LETTRES		passées sur des baux ou sur d'autres actes et contrats; les droits en seront perçus à raison des effets qui en résulteront; SAVOIR: Lorsqu'il s'agira seulement de réduire ou de modifier	

ARTICLES	C	QUOTITÉ des DROITS et peines fixés par les décret et tarif.
	les conventions stipulées par des actes antérieurs qui auront été enregistrés......................	20 sous fixes.
	Et à raison du triple des droits fixés par le Tarif, sur toutes les sommes et valeurs que la contre-lettre ajoutera aux conventions antérieurement arrêtées par des actes en forme.......................... *Art. 2 de la 7e sect. de la 1ere classe du tarif.*	Triple des droits ordinaires.
31.	**CONTRATS** d'assurances. **ET** les abandonnemens faits en conséquence..	A raison de la prime........................... 5 sous par 100 liv.
	Sur le pied de la valeur des objets abandonnés.....	5 sous par 100 liv.
	Mais en temps de guerre, les droits seront réduits à moitié............................. *Art. 8 de la 1ere sect. de la 1ere classe du tarif.*	2 sous 6d par 100 liv.
32.	**CONTRATS** pignoratifs **ET** **ENGAGEMENS** d'immeubles, conventionnels ou judiciaires.	Stipulés jusqu'à douze années inclusivement, en proportion du montant des créances............ *Art. 6 de la 4e sect. de la 1ere classe du tarif.*	20 sous par 100 liv.
	Et pour ceux au-dessus de douze années......... *Art. 1er de la 6e sect. de la 1ere classe du tarif.*	40 sous par 100 liv.
33.	**CONTRATS** portant	Délaissement, Déguerpissement, Renvoi, et Rentrée en possession ⎫ De biens immobiliers, faute de payement de la rente, ou d'exécution de clauses du premier contrat, ou en vertu de retrait conventionnel........	20 sous par 100 liv.
	Mais dans le cas où le contrat antérieur auroit été jugé radicalement nul, comme dans celui où il n'auroit pas été exécuté, soit par l'entrée effective de l'acquéreur en jouissance, soit par le payement du tout ou partie du prix, les droits ne seront payés que sur le pied de la 4e section des actes de la 3e classe, c'est-à-dire un droit de................................ *Art. 7 de la 4e sect. de la 1ere classe du tarif.*	20 sous fixes.
34.	**CONTRATS** et ACTES	Qui ne contiendront que des dispositions préparatoires et de pure formalité.................. *Voyez le détail de ces sortes d'actes, à la lettre A, art. 45.*	20 sous fixes.
35.	**CONTRATS** et ACTES en général	Qui ne contiendront que l'exécution, le complément et la consommation de contrats antérieurs et immédiats, soumis à la formalité, sans qu'il intervienne aucune personne désintéressée dans les premières conventions, ne sera dû que..................	20 sous fixes.
	Néanmoins les droits de ces actes ne pourront excéder ceux qui auront été perçus sur les contrats précédens, auxquels ils auront rapport. *Voyez au surplus, pour le détail de ces actes, la lettre A, art. 45.*	Le droit ne pourra excéder celui des actes antérieurs.
36.	**CODICILES** ou plusieurs testamens par la même personne.	Les droits sur l'un de ces actes seront perçus sur le pied de la seconde classe du Tarif. *Voyez à la lettre T, art. 6.*	
	Ils seront réglés pour les autres à 20 sous, en raison de la 4e section des actes de la 3e classe............ *Art. 1er de la 2e classe du tarif.*	20 sous fixes.
37.	**COMPROMIS**	sur le pied d'acte simple, doivent............ *Voyez à la lettre A, art. 45.*	20 sous fixes.
38.	**CONSENTEMENT**	pur et simple, doit...................... *Voyez à la lettre A, art. 45.*	20 sous fixes.

M 2

ARTICLES.	C			QUOTITÉ des droits et peines, fixés par les décret et tarif.
39.	CERTIFICATS et ATTESTATIONS	purs et simples, doivent.......................... *Voyez à la lettre A, art. 45.*		20 sous fixes.
40.	CERTIFICATS DE VIE	doivent.................................... *Voyez à la lettre B, art. 45.*		20 sous fixes.
41.	COMMUNAUTÉ DE BIENS.	La renonciation qu'on y fait, doit.............. *Art. 1er de la 4e section de la 3e classe du tarif.*		20 sous fixes.
42.	CONSIGNATION et dépôt.	chez les officiers publics, doivent............... *Voyez à la lettre A, art. 45.*		20 sous fixes.
43.	CONNOISSEMENS ou reconnoissances.	des chargemens *par mer*, à raison d'un droit par chaque personne à qui les envois seront adressés..... *Art. 2 de la 2e sect. de la 3e classe du tarif.*		10 sous fixes.
44.	COPIES OU EXTRAITS	Collationnés,	d'actes ou contrats par les officiers publics, à raison d'un droit par chaque pièce, de................... *Art. 3 de la 2e section de la 3e classe du tarif. (Voyez l'art. ci-après.)*	10 sous fixes.
45.	COPIES OU EXTRAITS	Collationnés,	d'actes et titres nécessaires à la liquidation et au remboursement d'office par l'État. *Nota.* Par un décret de l'assemblée nationale, du 28 novembre 1790, il est dit, *article XIII*, que le contrôle des expéditions délivrées par les notaires de provinces, *ou vidimées par eux*, des titres et quittances de finance, provisions ou autres actes nécessaires au titulaire d'offices pour parvenir à leur liquidation, sera irrévocablement fixé pour tous droits à 15 sous; cependant ce décret ne paroissant pas sanctionné par le roi, ne sera placé ici que pour........*mémoire.*	
46.	CONTRATS	Notariés et judiciaires.	Acquièrent l'hypothèque du jour de leur date, lorsqu'ils sont enregistrés dans le délai prescrit, Et passé ce délai, ils n'acquièrent d'hypothèque que du jour qu'ils sont enregistrés. *Article X du décret.*	
47.	COLLÉGES.	Pour les acquisitions qu'ils pourront faire, et les droits à percevoir. *Voyez à la lettre H, art. 9.*		
48.	CONTRATS	d'union et de direction	de créanciers, doivent............ *Art. 1er de la 7e sect. de la 3e classe du tarif.*	6 livres fixes.
49.	CURATEURS.	Leur acte de nomination en justice, doit......... *5e section de la 8e classe du tarif.*		40 sous fixes.
50.	CLOTURE	d'inventaire en justice, doit..................... *5e section de la 3e classe du tarif.*		40 sous fixes.
51.	COMMISSAIRES, DIRECTEURS ou SÉQUESTRES.	Leur acte de nomination en justice, doit......... *5e section de la 3e classe du tarif.*		40 sous fixes.

ARTICLES.	D			QUOTITÉ des DROITS et peines, fixés par les décret et tarif.
52.	CONVERSION d'opposition en saisie.	Le jugement qui fait cette conversion, doit........ 5e section de la 3e classe du tarif.		40 sous fixes.
53.	CONTRATS ET ACTES	civils et judiciaires,	qui ne pourront recevoir d'application tion positive à aucune des classes ou sections du tarif, payeront........ Art. 9 de la 4e. section de la 3e classe du tarif.	20 sous fixes.
54.	CONTRATS passés antérieurement à l'exécution du nouveau tarif, soit notariés ou sous signatures privées, qui n'auront pas acquitté tous les droits prescrits.	Dans les pays où le contrôle étoit établE. Dans les lieux où le contrôle n'avoit pas lieu.	Voyez, pour la règle à suivre à cet égard, à la lettre A, art. 18, 19 et 20.	
55.	CONTRAVENTIONS relatives au droit d'enregistrement, et aux omissions sur les répertoires des officiers publics.	Pour les peines qui en résultent, voyez la lettre A, art. 66.		
56.	COMMUNICATION d'actes aux préposés, par les officiers publics.	Elle se borne seulement aux actes passés dans l'année antérieure, à compter du jour où cette communication est demandée. A l'égard des actes plus anciens, les préposés ne pourront, sans ordonnance de juge, en requérir la lecture ; ils devront même indiquer la date et les noms des parties contractantes, des minutes dont ils voudront avoir la communication ; et s'ils en demandent des expéditions, elles leur seront délivrées en payant deux sous six deniers par chaque extrait ou rôle d'expédition, outre les frais du papier timbré. Article XIV du décret.		
57.	COMMUNAUX.	Les baux d'iceux doivent être enregistrés. Art. XIII du décret. (Voyez aussi art. 4 ci-dessus.)		

D

1er.	DROITS DE CONTRÔLE des actes, insinuation, centième denier et autres y joints.	à compter du 1er février 1791.	seront abolis dans tout le territoire français. Art. Ier du décret du droit d'enregistrement.	
2.	DROIT D'ENREGISTREMENT en remplacement de ceux de contrôle, insinuation, centième denier, et autres y joints.	à compter du 1er février 1791.	doit être perçu dans toute l'étendue du territoire français. Art. I et II du décret.	
3.	DROIT D'ENREGISTREMENT des actes.	civils et judiciaires.	La perception de ce droit ne doit avoir aucun effet rétroactif, aux termes de l'art. XXI du décret. Voyez cependant à la lettre A, art. 18, 19 et 20.	

ARTICLES.	D	QUOTITÉ des DROITS et peines, fixés par les décrets et tarif.

4.
DROIT
D'ENREGISTREMENT;
de quelle manière
il doit être liquidé.

La perception à en faire suivra chaque série de 100 liv. inclusivement et sans fraction * pour tout ce qui formera le prix ou la valeur des objets, en principal et accessoires, y compris le capital des redevances et de toutes les charges dont les acquéreurs seront tenus. * *Voyez cependant art. 7 ci-après.*

Pour les actes, { la somme du droit sera réglée suivant les différentes classes et sections du tarif, auxquelles se rapporteront les dispositions qui ne dériveront pas nécessairement les unes des autres.

ET

dans le cas de succession, ou à l'événement de donation éventuelle et pour toutes transmissions opérées sans acte, les droits seront liquidés;

SAVOIR:

Pour les propriétés mobilières } d'après la déclaration et les immeubles fictifs, } estimative des parties.

Et pour les immeubles réels, { d'après la déclaration à faire de ce que ces immeubles payent de contribution foncière, et dans le rapport du principal au denier 25 du revenu desdits biens. *Art. V et VII du décret.*

Voyez les deux articles ci-après.

5.
DROIT
D'ENREGISTREMENT
provisoire, à percevoir, faute d'estimation ou de déclaration.

A défaut de déclaration du prix ou d'estimation de tous les objets désignés, le droit sera perçu sur une évaluation provisoire de 15,000 liv.

Mais les contractans auront pendant une année, à compter du jour de l'enregistrement, la faculté de faire leur déclaration de la vraie valeur des objets qu'ils auront omis d'estimer; d'après cela le droit sera augmenté ou réduit dans la proportion de cette évaluation que les parties ne pourront se dispenser de faire pour se soustraire au droit qui surpasseroit la fixation provisoire.

Art. V du décret.

Droit provisoire.

6.
DROIT
D'ENREGISTREMENT
à percevoir dans le cas
de dispositions éventuelles.

Pour les actes dont les objets ne seront pas évalués, soit parce que cette évaluation dépend de circonstances éventuelles, soit parce qu'il n'y a pas lieu d'en exiger l'évaluation. Le droit d'enregistrement sera payé à raison du 15e du revenu des contractans ou testateurs, et leur revenu sera évalué d'après leur cotte d'habitation, dans la contribution personnelle, sans que le droit puisse être moindre de 30 sous.

Voyez la 2e classe du tarif, et l'art. IV du décret.

Droits dus sur le pied du 15e. du revenu.

Et 30 sous au moins.

Nota. Dans le cas où un acte de l'espèce de ceux ci-dessus, ne transmettroit que des propriétés immobiliaires, il sera fait déduction de la somme payée pour l'enregistrement de cet acte, sur celle que le propriétaire acquittera lors de la déclaration qu'il sera tenu de faire pour raison de ces immeubles.

Voyez art. IV du décret, et art. 9 ci-après.

ARTICLES.		D	QUOTITÉ des DROITS et peines, fixés par les décret et tarif.
7.	**DROIT** D'ENREGISTREMENT des actes, dont les sommes et valeurs sont au-dessous de 50 liv.	Il doit être réduit à moitié du droit fixé pour 100 l. pour tous les actes compris dans la 1ʳᵉ classe du tarif. *Voyez la 7ᵉ section de cette classe.*	Demi-droit.
8.	**DÉCLARATIONS** d'immeubles réels ou fictifs en propriété ou usufruit.	par Héritiers, Légataires, ou Donataires éventuels, doivent être faites au plus tard dans six mois qui suivront le jour de l'événement de la mutation, par décès ou autrement ; SAVOIR : Pour les immeubles réels, au bureau de l'arrondissement duquel seront situés les biens ; ET Pour les immeubles fictifs, au bureau établi près le domicile du dernier possesseur. Si les déclarations ne sont faites qu'après le délai de six mois qui suivra le jour de l'événement de la mutation ; alors, outre les droits ordinaires d'enregistrement, les contribuables devront payer moitié de la somme en quoi ils consistent. *Art. XII du décret.*	Un droit en sus du simple.
9.	**DROITS,** lorsqu'ils sont perceptibles sur la contribution personnelle des contractans. *Règle à suivre.*	Il en sera fait déclaration du montant de la cotte d'habitation dans la contribution personnelle des contractans ou des personnes dont l'imposition devra servir à fixer les droits, d'après les rôles qui auront immédiatement précédé la date des actes entre-vifs, et la présentation au bureau, des actes de dernière volonté, à l'effet d'établir la perception conformément au présent tarif, c'est-à-dire, à raison du quinzième du revenu des contractans ou testateurs, sans que le droit puisse être moindre de 30 sous ; et faute de cette déclaration, il sera perçu provisoirement une somme de cent livres . . . . *Art. 6 de la 2ᵉ classe du tarif. Et art. IV du décret.* Mais les parties auront alors la faculté de justifier de la somme de ladite contribution pendant une année, à compter du jour de l'enregistrement ; les droits seront réduits en conséquence, et l'excédant sera restitué, sans que l'on puisse être dispensé de payer le supplément qui seroit demandé par le préposé, en vertu desdits rôles, dans le cas où il en résulteroit un droit qui surpasseroit la perception provisoire ci-dessus établie. Les contrats de mariage dont le droit sera perçu sur les revenus présumés des contractans, d'après la cotte d'habitation, seront de plus assujettis au payemens des droits, sur les dispositions faites en faveur des conjoints par des collatéraux ou des étrangers. La perception du droit sur les revenus présumés, ne sera assise que sur ceux du futur seulement ; et dans le cas où il ne seroit pas imposé personnellement, l'assiette du droit se fera à raison du revenu présumé du père pour la moitié seulement, si le futur est seul héritier, et dans le cas où le futur auroit des frères et sœurs, pour	À raison du 15ᵉ. du revenu, sans que le droit puisse être moindre de 30 sous. 100 liv. provisoirem.

ARTICLES.	D	QUOTITÉ des DROITS et peines, fixés par les décret et tarif.
Suite de l'artic. 9.	**DROITS,** lorsqu'ils sont perceptibles sur la contribution personnelle des contractans.	une portion de cette moitié, relative au nombre des enfans existans lors du contrat de mariage. La même règle aura lieu pour les autres actes sujets au droit de la seconde classe, lorsqu'ils seront passés par des enfans de famille qui ne seront pas imposés personnellement. Les actes de cette seconde classe, qui seront passés par des personnes non imposées à la contribution personnelle, à cause de la modicité de leurs facultés, ne seront sujets qu'au droit de 30 sous...............	30 s. au moins.
		Enfin, les étrangers payeront les mêmes droits ; et dans le cas où ils n'auroient pas été imposés à la contribution personnelle, le droit sera règlé sur la déclaration qu'ils seront tenus de faire de leurs revenus. *Art. 6 de la 2ᵉ classe du tarif.*	
10.	**DONATIONS** éventuelles en propriété ou usufruit, au survivant des époux, par leurs contrats de mariage.	Pour les droits à percevoir, *voyez à la lettre C, article 11.*	
11.	**DONS MUTUELS** entre maris et femmes.	Le droit en est dû à raison de la cotte d'habitation dans la contribution personnelle des contractans. *Art. 6 de la 2ᵉ classe du tarif.*	A raison de la cotte d'habitation dans la contribution personnelle.
12.	**DONATIONS** éventuelles d'objets indéterminés, par acte entre-vifs.	Les droits en sont dûs à raison de la cotte d'habitation dans la contribution personnelle des contractans. *Art. 2 de la 2ᵉ classe du tarif.* Si les dispositions sont en ligne directe, il n'est dû que le demi-droit.............. *Art. 4 de la 2ᵉ classe du tarif.*	A raison de la cotte d'habitation dans la contribution personnelle. Double droit.
13.	**DONS ÉVENTUELS** d'objets déterminés, ET **DONATIONS** mutuelles qui ne comprendront que des biens-immeubles présens et désignés.	Les actes qui ne contiendront que ces dispositions, ne devront que le droit simple de.............. *Art. 3 de la 4ᵉ. sect. de la 3ᵉ. classe du tarif.* Sauf la déclaration à faire et droits à acquitter dans les six mois qui suivront le jour de l'événement de la mutation. *Art. XII du décret. (Voyez ci-après.)*	20 sous fixes.
14.	**DONATIONS** aux futurs époux, par leurs contrats de mariage passés devant notaires avant la célébration.	en directe, { d'objets présens..................... d'objets indéterminés, sur le pied de la seconde classe du tarif..............	10 sous par 100 liv. A raison de la cotte d'habitation dans la contribution personnelle.
		en collatérale ou étrangere, { d'objets présens et désignés........... et d'objets indéterminés et éventuels, sur le pied de la seconde classe. *Art. 1ᵉʳ de la 2ᵉ section de la 1ʳᵉ classe du tarif. (Voyez art. 9 ci-dessus, et la lettre C, art. 11.*	20 sous par 100 liv. A raison de la cotte d'habitation dans la contribution personnelle.

DONATIONS

ARTICLES.	D			QUOTITÉ des DROITS et peines, fixés par les décret et tarif.

15. **DONATIONS** par actes entre-vifs, autrement que par contrat et en faveur de mariage, — à titre gratuit, en directe, — Est dû à raison de la valeur de tous biens meubles et immeubles qui y seront compris,

SAVOIR, pour ceux en usufruit...... **10 sous par 100 liv.**
Art. 5 de la 2e sect. de la 1ère classe du tarif.
Et pour ceux en propriété. **20 sous par 100 liv.**
Art. 4 de la 4e. sect. de la 1ère classe du tarif.

Nota. Si la transmission de l'usufruit étoit à titre onéreux, par vente ou cession, il seroit dû sur le pied du prix stipulé. **20 sous par 100 liv.**
Art. 5 de la 2e sect. de la 1ère classe du tarif.

16. **DONATIONS** mutuelles, **ET CONVENTIONS** réciproques de libéralité. — autres qu'entre maris et femmes. —

D'objets mobiliers déterminés, sur le pied de toutes les sommes et de la valeur des biens qui y sont compris.... **15 sous par 100 liv.**
Et lors de l'événement, il ne sera dû aucun droit.

Et
de biens immeubles déterminés, les droits ne seront payés que sur le pied de la 4e section de la 3e classe, c'est-à-dire comme acte simple.............. **20 sous fixes.**
Sans préjudice de la déclaration à fournir, et des droits proportionnels à payer lorsque les donations auront leur effet.
Art. 3 de la 3e. sect. de la 1re classe du tarif.

17. **DONATION** entre-vifs et legs, non en directe, ni entre maris et femmes, — de sommes ou objets mobiliers désignés. —

Est dû sur la valeur des objets donnés ou légués, susceptibles d'évaluation.......................... **30 sous par 100 liv.**
Sauf à faire distraction des sommes et objets compris dans les legs et dispositions auxquels il aura été fait renonciation à temps utile et par acte en forme.
Art. 1er de la 5e. sect. de la 1re. classe du tarif.

18. **DONATION** non en directe ni entre maris et femmes, et hors contrat de mariage. — d'immeubles réels ou fictifs, présens. —

Aux frères, sœurs, oncles et neveux.......................... **40 sous par 100 liv.**
Art. 2 de la 6e. sect. de la 1re. classe du tarif.
Aux parens aux troisième et quatrième dégrés................. **3 liv. par 100 liv.**
Art. 1er de la 7e. sect. de la 1ère classe du tarif.
ET
Aux parens au-delà du 4e dégré, et étrangers................. **4 liv. par 100 liv.**
8e. section de la 1re. classe du tarif.

Nota. Lorsque les donateurs se réserveront l'usufruit, le droit sera acquitté sur la valeur entière de l'immeuble; mais il ne sera dû aucun nouveau droit pour la réunion de l'usufruit à la propriété.
Art. 2 de la 6e. sect. de la 1re. classe du tarif.

M

ARTICLES.	D	QUOTITÉ des DROITS et peines fixés par les décret et tarif.
19.	**DÉCLARATION** à faire, et droits à payer en successions directes immobiliaires.	Les héritiers, donataires éventuels et légataires en ligne directe, doivent faire dans les six mois du décès à peine d'un demi-droit en sus, la déclaration de la valeur entière des biens-immeubles réels ou fictifs, qui leur sont échus, et payer, Savoir, en propriété........................ 5 sous par 100 liv. en usufruit........................ 2 sous 6^d par 100 liv. *Nota.* Il ne sera rien dû pour la *réunion* de l'usufruit à la propriété, lorsque le droit d'enregistrement aura été acquitté sur la valeur entière du titre de propriété. *Art. 12 de la 1ere sect. de la 1ere classe du tarif.* Si cependant cette réunion s'opéroit par acte, il seroit dû pour cet acte un droit de................ 20 sous fixes. *Art. 4 de la 4e sect. de la 1.re classe du Tarif.*
20.	**DÉCLARATION** d'objets mobiliers échus à des légataires, ou à des donataires éventuels.	Les donataires et légataires éventuels doivent à l'événement, faire déclaration des sommes ou autres objets mobiliers qu'ils auront recueillis par le décès des donateurs ou par l'événement des autres conditions prévues, en vertu d'actes ou contrats dont le droit d'enregistrement n'aura été payé que sur le pied des actes simples, conformément à l'article III du décret. *Art. 2 de la 5e section de la 1ere classe du tarif.* Et est dû ; SAVOIR : **En directe par legs.** En propriété.............. 5 sous par 100 liv. *Art. 13 de la 1ere. section de la 1re classe du tarif.* En usufruit par acte entre-vifs.... 10 sous par 100 liv. *Art. 5 de la 2e. sect. de la 1re classe du tarif.* **Par le survivant des époux.** En propriété.............. 20 sous par 100 liv. *Art. 9 de la 4e section de la 1re classe du tarif.* **En collatérale et à des étrangers.** En propriété.............. 30 sous par 100 liv. *Art. 2 de la 5e section de la 1re classe du tarif.*
21.	**DÉCLARATION** par héritiers, légataires et donataires éventuels. collateraux ou étrangers.	Est dû dans les six mois qui suivent le jour du décès, à peine d'un demi-droit en sus, *article XII du décret.* SAVOIR : Pour les biens immeubles réels ou fictifs, à raison de la *valeur entière* de ces biens échus, **En usufruit,** aux frères, sœurs, oncles et neveux........................ 20 sous par 100 liv. *Art. 8 de la 4e section de la 1ere classe du tarif.* aux parens aux 3e et 4e. degrés..... 30 sous par 100 liv. *Art. 2 de la 5e section de la 1re classe du tarif.* et aux parens au-delà du quatrième degré ou étrangers................ 40 sous par 100 liv. *Art. 3 de la 6e section de la 1re classe du tarif.*

ARTICLES.			D	QUOTITÉ des DROITS et peines, fixés par les décret et tarif.

			Si par la suite ils réunissent la propriété à l'usufruit, à quelque titre que ce soit, les droits ne seront payés que sur l'estimation ou prix de la propriété, déduction faite de l'usufruit. *Art. 8 de la 4ᵉ section de la 1ʳᵉ classe du tarif.*	
		En propriété,	aux frères, sœurs, oncles et neveux........................... *Art. 2 de la 6ᵉ section de la 1ᵉʳᵉ classe du tarif.*	40 sous par 100 liv.
			aux parens aux 3ᵉ et 4ᵉ degrés..... *Art. 1ᵉʳ de la 7ᵉ sect. de la 1ᵉʳᵉ classe du tarif.*	3 livres par 100 liv.
			et aux parens au-delà du 4ᵉ degré et étrangers........................ *8ᵉ section de la 1ᵉʳᵉ. classe du tarif.*	4 liv. par 100 liv.
22.	DÉCLARATIONS à faire, ET DROITS à payer	par le survivant des époux.	De tous les biens immobiliers dont il recueillera l'usufruit à titre de donation, droit de viduité ou de tous autres avantages usufruitiers accordés soit par les lois et coutumes, soit en vertu des clauses insérées dans leurs contrats de mariage, par dons mutuels ou par testament, il sera payé sur la *valeur entière* des biens sujets à l'usufruit...................... *Art. 6 de la 2ᵉ. section de la 1ʳᵉ classe du tarif.*	10 sous par 100 liv.
			Et pour les biens-immeubles qui leur seront transmis en propriété par donation et libéralité, à titre de reprise, restitution ou autrement, et des capitaux des rentes et pensions, sommes et objets mobiliers qui leur seront échus à titre gratuit, en vertu de leurs contrats de mariage, testamens ou autres dispositions, il sera payé sur la valeur entière des biens......... Sauf à déduire sur ces droits ce qui aura été payé *par le survivant* pour l'enregistrement du testament ou don mutuel, conformément au 9ᵉ article de la 4ᵉ section de la 1ᵉʳᵉ classe du tarif.	20 sous par 100 liv.
23.	DONATIONS et autres actes dans le cas d'être enregistrés, *pour la formalité,* dans plusieurs bureaux. Quels sont les droits dus.		Lorsque l'*enregistrement de formalité* sera requis dans des bureaux différens de ceux où les contrats auront été enregistrés pour la perception, il ne sera dû que........................ *Art. 6 de la 4ᵉ sect. de la 3ᵉ classe du tarif.*	20 sous fixes.

N 2

ARTICLES.			D	QUOTITÉ des DROITS et peines, fixes par les décrets et tarif.
24.	DROITS perçus sur des actes Quels sont ceux dont il doit être tenu compte aux parties, sur les déclarations à faire à l'événement.	éventuels.	L'article IV du décret porte, que dans le cas où un acte de la seconde classe *ne transmettroit que des propriétés immobiliaires*, il sera fait déduction de la somme payée pour l'enregistrement de cet acte, sur celle que le propriétaire acquittera lors de la déclaration qu'il sera tenu de faire pour raison de ses *immeubles*. *Nota.* A l'art. 9 de la 4e section de la 1re classe, en parlant des droits à payer à l'événement par le survivant des époux, pour les avantages *en propriété*, *en meubles et immeubles*, échus à titre gratuit, en vertu de leurs contrats de mariage, testamens ou autres dispositions, il est dit, *sauf à déduire sur les droits à percevoir, ce qui aura été payé par le survivant pour l'enregistrement du testament ou don mutuel.*	
25.	DÉGUERPISSEMENT et DÉLAISSEMENT	d'immeubles réels ou fictifs.	Faute de payement de la rente ou d'exécution des clauses du précédent contrat, à raison de la valeur ou prix, sera payé..............	20 sous par 100 liv.
			ET Dans le cas où le contrat antérieur auroit été jugé radicalement nul, parce qu'il n'auroit pas été exécuté, soit par l'entrée effective de l'acquéreur en jouissance, soit par le payement du tout ou partie du prix, alors il ne seroit dû pour le déguerpissement ou délaissement fait en conséquence que le droit simple de...... *Art. 7 de la 4e sect. de la 1ere classe du tarif.*	20 sous fixes.
26.	DÉCLARATIONS	de command, d'ami, ou autres de même nature.	Il est dû, *savoir;* Pour celles faites dans les six mois qui suivront les ventes et adjudications, en vertu de réserves expressément stipulées par les contrats et jugemens, et aux mêmes conditions que l'acquisition...................... *Art. 1er de la 4e sect. de la 3e classe du tarif.*	20 sous fixes.
			ET Pour celles faites après les six mois. *Art. 1er de la 6e sect. de la 1ere classe du tarif.*	40 sous par 100 liv.
27.	DROITS auxquels sont assujettis les	Immeubles réels ou fictifs.	*Voyez-en le détail à la lettre J, art. 28.*	
28.	DÉPOTS ET CONSIGNATIONS chez les officiers publics.		Est dû................................ Sans que néanmoins le droit puisse excéder ceux perçus sur les actes auxquels ils auront rapport. *Art. 2 de la 4e sect. de la 3e classe du tarif.*	20 sous fixes.
29.	DÉLIVRANCES de legs.		Est dû. *Art. 1er de la 4e sect. de la 3e classe du tarif.*	20 sous fixes.

ARTICLES	D		QUOTITÉ des DROITS et peines, fixés par les décret et tarif.
30.	**DÉCLARATIONS ET DÉCHARGES** { pures et simples, et autres actes et contrats qui ne contiendront que des dispositions préparatoires et de pure formalité, est dû......................... *Art. 1er de la 4e. sect de la 3e. classe du tarif.*		20 sous fixes.
31.	**DÉSISTEMENT** { de demandes -- avant le jugement...... ou } doit..... d'appel...................... *Art. 1er de la 4e. sect. de la 3e. classe du tarif.*		40 sous fixes.
32.	**DEBOUTÉ** { d'appel ou } en justice, doit.................... d'opposition } *5e section de la 3e classe du tarif.*		40 sous fixes.
33.	**DÉCLARATION ET SIGNIFICATION** } d'appel { au tribunal de district, des sentences rendues par les juges de paix, doivent.. *Art. 3 de la 6e. sect. de la 3e. classe du tarif.* des jugemens des tribunaux de district, doivent............................ *Art. 3 de la 7e sect. de la 3e classe du tarif.*		3 livres fixes. / 6 livres fixes.
34.	**DÉCHARGE** de demande } en justice. Le jugement qui la prononce, doit...... *5e section de la 3e classe du tarif.*		40 sous fixes.
35.	**DÉCLINATOIRE** { en justice. Le jugement qui le porte, doit......... *5e section de la 3e classe du tarif.*		40 sous fixes.
36.	**DIRECTEURS,** Commissaires, ou Séquestres. } de créanciers. { Leur nomination par acte ou jugement, doit...................... *5e sect. de la 3e classe du tarif.*		40 sous fixes.
37.	**DIRECTION ET UNION** } de créanciers. { Par acte ou jugement, doit....... *7e sect. de la 3e classe du tarif.*		6 livres fixes.
38.	**DISSOLUTION** { de traités ou sociétés, { dont l'objet ne sera pas susceptible d'évaluation, doit comme pour les traités ou sociétés mêmes............. *Art. 2 de la 7e. sect. de la 3e classe du tarif.*		6 livres fixes.
39.	**DROIT** EN SUS DU SIMPLE; quels sont les cas où il est exigible, soit contre les parties, soit contre les officiers publics. *Voyez* { à la lettre A, art. 18, 19, 20 et 66. à la lettre G, art. 4. à la lettre N, art. 5 et 6.		Un droit en sus du simple.
40.	**DEMI-DROIT** en sus du simple; quels sont les cas où il est exigible.	Le défaut de déclaration dans les six mois qui suivent le jour de la mutation en usufruit ou propriété, des biens-immeubles réels ou fictifs, échus par décès ou autrement à des héritiers, légataires ou donataires éventuels, est le seul cas où la peine encourue soit d'un demi-droit en sus du simple qui sera dû. *Voyez art. XII du décret, et l'art. 66 de la lettre A.*	Demi - droit en sus du simple.

K

ARTICLES.	D		QUOTITÉ des DROITS et peines, fixés par les décret et tarif.

41.	DROITS; leur prescription.	Les *parties* n'auront qu'une année pour se pourvoir en restitution des droits qu'elles prétendront leur avoir été indûment perçus. Et les préposés n'auront également qu'une année pour répéter le supplément des droits sur actes ou contrats. Passé trois ans, ils ne seront plus fondés à relever des objets de contraventions ; Et après cinq ans, ils ne pourront former la demande de droits ouverts antérieurement à cette époque, par successions directes ou collatérales, pour raison de biens-meubles ou immeubles réels ou fictifs, échus en propriété ou usufruit, par testament, dons éventuels ou autrement. *Art. XVIII du décret.*	
42.	DROITS auxquels sont assujettis les actes sous signatures privées.	*Voyez la lettre* A ; *art.* 17.	
43. et 44.	DROITS relatifs à la partie des hypothèques.	Doivent continuer d'être payés comme par le passé, jusqu'à ce que l'Assemblée nationale ait statué sur cette partie. *Voyez la lettre* H, *art.* 8.	
45.	DÉCLARATION NON EXACTE,	Soit relativement à l'impôt territorial des biens, Soit dans la quotité ou valeur des immeubles. *Article VI du décret.* / Il sera payé deux fois la somme du droit sur la valeur des objets omis.	Deux fois la somme du droit.
46. et 47.	DONATIONS et droits d'enregistrement	concernant les {Hôpitaux. Ecoles {d'instruction et d'éducation, et autres établissemens publics de bienfaisance.} / Il n'est dû que moitié des droits réglés par les diverses classes du tarif. *Voyez à la let.* H, *art.* 9.	
48.	DÉLIBÉRATIONS ET AUTRES ACTES,	faits ou ordonnés par les corps administratifs et municipaux. *Voyez à la lettre* C, *art.* 4.	
49.	DÉPOTS PUBLICS.	Les préposés ne peuvent y faire aucune visite domiciliaire ou recherches générales. *Voyez pour ce qu'ils peuvent exiger des officiers publics, à la lettre* V, *art.* 1er. *Et l'art. XIV du décret.*	

	E		
1er.	ENREGISTREMENT d'actes et exploits	Ne peut être différé, ni les actes retenus } par les préposés. *Voyez à la lettre* P, *et ci-après art.* 4 *et l'art. XVII du décret.*	

		E	QUOTITÉ des DROITS et peines, fixés par les décret et tarif.

2.	ENREGISTREMENT d'actes.	Doit rappeller, par extrait et dans le même contexte, sur le registre à ce destiné, toutes les dispositions que l'acte contient. La somme du droit sera réglée suivant les différentes classes et sections du tarif auxquels se rapporteront les dispositions qui ne dériveront pas nécessairement les unes des autres. *Article VII du décret.*	
3.	ENREGISTREMENT d'actes.	S'il est fait dans le délai prescrit, il fait remonter l'hypothèque de l'acte au jour de sa date. Et si l'acte n'est enregistré qu'après les délais prescrits, il n'acquiert l'hypothèque que du jour de l'enregistrement. *Art. X du décret.*	
4.	EXPLOITS ET ACTES d'huissiers,	Doivent être enregistrés dans les quatre jours qui suivent celui de leur date, soit au bureau de leur résidence, soit au bureau du lieu où les actes auront été faits. *Art. VIII du décret.* Les préposés ne peuvent, sous aucun prétexte, pas même en cas de contravention, retenir les exploits soumis à la formalité, lorsque les droits leur en auront été payés conformément au tarif; mais si un exploit contenoit des renseignemens dont la trace pût être utile, le préposé auroit la faculté d'en tirer une copie, et de la faire certifier conforme à l'original par l'officier qui l'auroit présentée; et sur le refus de l'officier, il s'en procurera la collation en forme à ses frais, sauf répétition en cas de droit : le tout dans les vingt-quatre heures de la présentation de l'acte au bureau. *Art. XVII du décret.*	
5.	EXPLOITS et actes des huissiers.	Faute d'être enregistrés dans le délai prescrit, ils sont nuls ; les juges n'y auront aucun égard, et les huissiers doivent payer de leurs deniers, une somme de dix livres pour chaque exploit qu'ils auront omis de faire enregistrer. *Art. XI du décret.*	10 liv. pour chaque exploit omis d'être enregistré.
6.	EXPLOITS et autres actes des huissiers.	Il en doit être tenu répertoire jour par jour, à peine de dix livres pour chaque omission. *Voyez à la lettre* H *, art.* 4.	10 liv. pour chaque exploit omis d'être enregistré.
7.	EXPLOITS et actes des huissiers.	S'il y a fausse mention de la formalité de l'enregistrement, l'huissier qui s'en sera rendu coupable, doit être condamné aux peines prononcées pour le faux matériel. *Art. IX du décret.*	
8.	EMPLOYÉS ou PRÉPOSÉS	Ne peuvent faire aucune visite domiciliaire ou recherches générales dans les dépôts publics. *Voyez à la lettre* V *, art.* 1er *, ce que les préposés sont en droit d'exiger des officiers publics.*	
9.	EXPÉDITIONS ou extraits certifiés, que les préposés sont en droit d'exiger des officiers publics.	Les préposés ou employés peuvent, sur l'ordonnance du juge, en exiger des officiers publics, en payant deux sous six deniers par chaque extrait ou rôle d'expédition, ou les frais de papier timbré. *Art. XIV du décret.*	

ARTICLES.	E	QUOTITÉ des DROITS et peines, fixés par les décret et tarif.
10.	**EXPÉDITIONS** d'actes enregistrés sur les minutes.	Il doit y être fait mention de la formalité de l'enregistrement donné à la minute, par la transcription littérale de la quittance du receveur ; et dans le cas de fausse mention d'enregistrement, l'officier public qui s'en sera rendu coupable, sera condamné aux peines prononcées pour le faux matériel. *Voyez l'art. ci-après, et les art. VIII et IX du décret.*	
11.	**EXPÉDITIONS** d'actes civils ou judiciaires.	Ne peuvent être délivrées avant que la formalité de l'enregistrement ait été remplie, à peine contre l'officier public de payer, si c'est un notaire, deux fois le montant des droits, dont l'un sera à sa charge et l'autre à celle des contractans ; et si c'est un greffier, il doit payer de ses *deniers*, deux fois le montant des droits. *Art. VIII, IX et X du décret. (Voyez au au surplus aux lettres G et N.)*	
12.	**ESTIMATION** ou **ÉVALUATION.**	insuffisante dans des actes et déclarations, Les contraventions de ce genre et toutes autres sont prescrites après le laps de trois années. *Art. XVII du décret.*	
13.	**ESTIMATION** DE BIENS; de quelle manière elle doit être faite dans les déclarations ou actes qui ne comportent pas de prix.	Tels que les { Partages de *biens-meubles*, Echanges, Donations, Démissions, Et toute autre transmission de propriété ou d'usufruit, à titre gratuit, par acte ou par décès. Aux termes de l'article V du Décret, le droit d'enregistrement des actes et mutations dont le détail est ci-dessus, doit être réglé, *savoir :* Pour les propriétés mobiliaires et les immeubles fictifs, d'après la déclaration estimative des parties ; Et pour les immeubles réels, d'après la déclaration que les parties seront pareillement tenues de faire de ce que ces immeubles payeront de contribution foncière, et dans le rapport du principal au denier vingt-cinq du revenu desdits biens. *Voyez au surplus art. 4 de la lettre D.* Et faute de déclaration de prix ou de l'estimation de tous les objets désignés, *voyez, pour ce qui doit être fait, art. 14 ci-après.*	
14.	**ESTIMATION** qu'on se refuseroit de faire d'objets désignés dans un acte.	En ce cas, on est fondé à percevoir les droits sur une évaluation provisoire de 15,000 liv. sauf la poursuite du supplément ou la restitution du trop payé (s'il y a lieu), d'après les déclarations que les parties auront la faculté de faire dans l'année du jour de l'enregistrement de l'acte.......................... *Voyez l'art. V du décret, et la lettre D, art. 9.*	Droit provisoire.
15.	**ESTIMATIONS** fausses,	{ soit des biens, soit de la cotte d'imposition territoriale. { Il sera payé deux fois la somme du droit, sur la valeur des objets omis.......................... *Voyez art. VI du décret, et l'art. 12 ci-dessus.*	Double droit.

EXPÉDITIONS

ARTICLES.	E		QUOTITÉ des DROITS et peines, fixés par les décret et tarif.
16.	EXPÉDITIONS des actes et jugemens définitifs qui ne sont pas applicables à la première classe du tarif.	Tous les actes et jugemens définitifs des tribunaux de districts, rendus contradictoirement ou par défaut en *première instance*, et qui ne sont pas applicables à la 1re classe du tarif, doivent.................... *Voyez le détail de ces actes à la lettre A, art. 46. Voyez aussi la 3e sect. de la 3e classe du tarif.*	40 sous fixes.
17.	EXPÉDITIONS. S'il en est délivré plusieurs, du même jugement ou acte judiciaire, quels droits sont dûs sur chacune.	Lorsque les droits proportionnels auront été payés sur la première expédition, il ne sera payé pour chacune des autres, que........................... *Art. X du décret.* Cependant pour les jugemens en matière d'impôt, le droit ne peut être que de...................... *Art 11 de la 1re. sect. de la 1re classe du tarif.*	20 sous fixes. 10 sous au plus.
18.	EXPÉDITIONS des jugemens des tribunaux de commerce et de districts, ainsi que des juges de paix.	Quels sont les droits dûs ou non ? *Voyez à ce sujet à la lettre J, où se trouvent détaillés tous les divers actes judiciaires des tribunaux, et la quotité des droits dont ils sont susceptibles.*	
29.	EXPÉDITIONS des jugemens, en *matière criminelle*.	Qu'ils soient préparatoires ou définitifs, s'ils sont rendus sur la poursuite du ministère public, *sans partie civile*, les jugemens et les expéditions sont dispensés de la formalité et du payement du droit d'enregistrement. *Art. 5 de la 2e sect. de la 3e classe du tarif.*	Dispensés de droits.
20.	EXPÉDITIONS	Des jugemens définitifs rendus *sur l'appel*, et dont les objets ne seront ni liquidés, ni évalués, sera payé... *Art. 4 de la 7e sect. de la 3e classe du tarif.*	6 livres fixes.
21.	EXPÉDITIONS	Des jugemens du tribunal de *cassation*, doivent.... *Art. 2 de la 8e sect. de la 3e classe du tarif.*	12 livres fixes.
22.	EXÉCUTION ET SOUMISSION.	De jugement, doivent............... 5 section de la 3e classe du tarif.	40 sous fixes.
23.	ENTÉRINEMENT de Lettres, Procès-verbaux, et Rapports,	sans qu'il en résulte partage effectif, ou mutation, sera payé...... 3e section de la 3e. classe du tarif.	40 sous fixes.
24.	EXPERTS.	Leur acte de nomination doit............... *Art. 1er de la 4e sect. de la 3e classe du tarif.*	20 sous fixes.
25.	ÉMANCIPATION DE MINEURS.	Par actes ou jugemens, en quelque nombre que soient les impétrans............................ *Art. 1er de la 7e. sect. de la 3e. classe du tarif.*	6 livres fixes.
26.	EXTRAITS ET COPIES	collationnées d'actes par officiers publics. *Voyez à la lettre C, art. 44 et 45.*	
27.	EXHÉRÉDATIONS (tant qu'elles subsisteront.)	par actes entre-vifs ou à cause de mort, à raison d'un seul droit pour celles faites par une personne, dans un même acte ; savoir, Non en directe.................... Et en directe, moitié de ce droit.... *Art. 3 et 4 de la 2e classe du tarif.*	A raison de la cotte d'habitation dans la contribution personnelle. Moitié du droit ordinaire.

O

ARTICLES.		E	QUOTITÉ des DROITS et peines, fixés par les décret et tarif.

		Entre quelques personnes que ce soit, le droit sera perçu sur une part seulement, à raison de.........	20 sous par 100 liv.
28.	ÉCHANGE de BIENS-IMMEUBLES.	Mais si l'échange n'est pas fait but à but, le droit ne sera perçu sur ce pied que sur la moindre des deux parties ; ET il sera dû en outre 40 sous par 100 liv. du montant de la soulte ou retour, comme en vente.............. *Art. 5 de la 4e section de la 1ere classe du tarif.*	40 sous par 100 liv.
29.	ENGAGEMENS conventionnels ou judiciaires, et contrats	Sera dû en proportion du montant des créances ; pignoratifs. savoir, pour ceux stipulés jusqu'à 12 années inclusivement........ Et pour ceux au-dessus de 12 années................	20 sous par 100 liv. / 40 sous par 100 liv.
		Art. 6 de la 4e. section et 1er de la 6e. section de la 1ere cl. du tarif.	
30.	ENGAGEMENS de matelots, gens de mer et d'équipage.	A raison d'un droit pour chaque engagement, sans égard aux sommes qui seront désignées dans ces actes. *Art. 2 de la 1ere sect. de la 2e. classe du tarif.*	5 sous fixes.
31.	EXPLOITS et significations par huissiers et autres,	Tant en matière civile que criminelle, autres que pour impôt ou police générale, ou *contenant* déclaration d'appel, ne seront sujets qu'à un seul enregistrement; mais le droit sera perçu pour chaque personne requérante, ou à qui la signification sera faite, à raison de....................................	15 sous fixes.
		Sans qu'il puisse cependant être perçu plus de cinq droits sur un exploit ou procès-verbal fait dans un seul jour, et pour le même fait..................	5 droits au plus.
		Nota. Les co-propriétaires et les co-héritiers, les parens réunis pour donner leur avis, les débiteurs ou créanciers associés ou solidaires, les séquestres, les experts et les témoins ne seront comptés que pour une seule personne, soit en demandant, soit en défendant.............. *Art. 2 de la 3e. sect. de 3e. classe du tarif.*	Un seul droit.
31 bis.	EXPLOITS ET SIGNIFICATIONS	Faits entre les défenseurs des parties, doivent...... *Art. 3 de la 1ere sect. de la 3e. classe du tarif.*	5 sous fixes.
32.	EXPLOITS et significations pour impôts et police.	Les exploits pour recouvrement des contributions directes ou indirectes, même des contributions locales, et pour toutes les contraventions aux règlemens généraux de police ou d'impôt, tant en action qu'en défense, suivant les principes établis dans l'article ci-dessus, doivent.......... *Art. 3 de la 1ere sect. de la 3e. classe du tarif.* (*Voyez les art.* 34 *et* 35 *ci-après.*)	5 sous fixes.
33.	EXPLOITS à la requête du ministère public.	Tous exploits et notifications à la requête du *ministère public*, sans jonction de *partie civile*, faits soit par huissiers, soit par les brigadiers ou cavaliers de maréchaussée, et autres dépositaires de la force publique, pour la poursuite des crimes et délits, seront enregistrés *gratis*.............. *Art. 2 de la 3e. sect. de la 3e. classe du tarif.*	*Gratis.*

ARTICLE.	E		QUOTITÉ des droits et peines, fixés par les décret et taaif.
34.	EXPLOITS	*Les procès-verbaux* de délits et contraventions aux règlemens généraux de police ou d'imposition, doivent être enregistrés, *à peine de nullité*, dans les quatre jours qui suivent leur date ; et avant qu'aucun huissier en puisse faire la signification, est dû............ *Art. 1er de la 1e. sect. de la 3e. classe du tarif.*	10 sous fixes.
35.	EXPLOITS de signification des procès-verbaux de délits et contraventions aux règlemens généraux de police ou d'imposition.	Si la signification est faite par le procès-verbal, et dans le même contexte, il ne sera perçu que le droit réglé ci-dessus, tant pour le procès-verbal, que pour la signification à un seul délinquant. Et s'il y a plusieurs délinquans, les droits des significations faites au second et aux suivans, seront perçus, outre celui du procès-verbal, et dans les principes expliqués, *art. 31 ci-dessus.* c'est-à-dire quatre droits au plus, outre celui du procès-verbal, si c'est par le même acte, à raison de cinq sous chaque. *Art. 1er de la 2e sect. de la 3e. classe du tarif.*	Un seul droit de 10 sous fixes. 5 sous fixes, et quatre droits au plus, outre celui du pour le procès-verbal.
36.	EXPLOITS d'oppositions au bureau du conservateur des finances ou d'hypothèques des offices.	Par le décret de l'assemblée, du 28 novembre 1790, il est dit, *Art. VII*, que ces oppositions ne pourront être assujetties au contrôle, et pourront être formées par tous les huissiers royaux exerçant auprès des tribunaux.	Dispensés de droits.
37.	ÉTABLISSEMENS permanens,	Tels que { Colléges............ Académies........ Hôpitaux........... Écoles { d'instruction et d'éducat. et autres de ce genre.. } Pour les droits qu'ils sont dans le cas de payer. *Voyez à la lettre H, art. 9.*	
38.	ÉCOLES	d'instruction et d'éducation, et autres établissemens publics de bienfaisance, } Ne doivent que moitié des droits fixés par les diverses sections des trois classes du tarif. *Voyez au surplus à la lettre H, art. 9.*	Moitié des droits ordinaires.
39.	EXTRAITS des registres de.... { mariages... baptêmes... et sépultures. } Sont exempts des droits d'enregistrement.		Dispensés des droits et de la formalité.
39bis.	EXTRAITS des { Livres des marchands, concernant leur commerce, lorsqu'ils ne contiendront point d'obligations, } *Art. XI du décret.*		
40.	ENDOSSEMENS de lettres de change, tirées de places en places.	Sont comme les lettres de change mêmes, exempts de droits................................... *Art. XI du décret.*	Dispensés des droits.
41.	ENREGISTREMENT de forme des donations.	Lorsqu'il sera requis dans des bureaux différens de ceux où les contrats auront été enregistrés pour la perception, il ne sera dû que le droit simple de...... *Art. 6 de la 4e. sect. de la 3e. classe du tarif.*	20 sous fixes.

ARTICLES.	**F**				QUOTITÉ des DROITS et peines, fixés par les décrets et tarif.
42.	EMPRUNTS par les municipalités et les particuliers.	pour l'acquisition des biens nationaux.	N'est dû par les municipalités et les particuliers, pendant l'espace de cinq et quinze ans, qu'un droit fixé à quinze sous........................ *Voyez au surplus ce qui a été dit à ce sujet à la lettre V, art. 2.*		15 sous fixes.
43.	ÉTRANGERS dans le cas d'acquitter des droits d'enregistrement.		Ils seront assujettis aux mêmes règles et aux mêmes droits que tous autres. Et dans le cas où ils n'auroient pas été imposés à la contribution personnelle, si les droits sont susceptibles d'être réglés sur le pied de la deuxième classe, ils seront payés et liquidés sur la déclaration qu'ils seront tenus de faire de leurs revenus. *Voyez art. 6 de la seconde classe du tarif.*		
44.	EXEMPTION DE DROITS.		*Voyez art.* 17 *bis de la lettre* A.		

F

1er.	FAUSSE MENTION de la formalité de l'enregistrement.		dans des actes ou exploits. *Voyez aux lettres* H, *art.* 3, *et* N, *aussi art.* 3 où se trouvent détaillées les peines imposées en ce cas. *Voyez aussi les Art.* 8 *et* 9 *du décret.*		
2.	FAUSSE ESTIMATION de biens, et toutes autres contraventions relatives au droit d'enregistrement.		Les contraventions de ce genre sont prescrites après le laps de trois ans. *Art. XVIII du décret.*		
3.	FRAIS ET AVANCES des officiers de justice.		Les mémoires d'avances et frais des officiers de justice, sont exempts du droit d'enregistrement, s'ils ne contiennent point d'obligation. *Art. XI du décret.*		Exempts de droits.
4.	FORMULE relativement aux quittances de remboursement d'offices par l'Etat.		Par un décret de l'assemblée nationale, du 28 novembre 1790, il est dit : Art. XII, *que ces quittances seront données sur papier à un seul timbre, et qu'elles ne pourront d'ailleurs être assujetties au contrôle.*		
5.	FORMULE; par qui cette partie doit-elle être régie.		Décret du 20 janvier 1791, qui porte, *Art. III*, qu'à compter du 1er février prochain, la vente du papier timbré sera confiée aux commissaires préposés à la perception des droits d'enregistrement des actes.		

G

1er.	GREFFIERS.		Quels sont les actes judiciaires qui doivent être enregistrés sur la minute ou sur les expéditions, et dans quel délai cette formalité doit être donnée. *Voyez* à la lettre J, *art.* 4. et à la lettre A, *aussi art.* 4.		

ARTICLES.			QUOTITÉ des droits et peines, fixés par les décret et tarif.

G

2.	GREFFIERS.	Ne peuvent recevoir en dépôt, excepté les testamens aucun acte sous seing privé, ni passer aucun acte ni contrats en conséquence, ni en délivrer extrait ou copie collationnée, que le droit d'enregistrement n'en ait été préalablement acquitté. *Voyez à la lettre* A., *art.* 16.	
3.	GREFFIERS,	*Doivent*, ainsi que les parties, payer *les droits* dans tous les cas tels qu'ils sont réglés par le tarif. Ils ne peuvent en atténuer, ni différer le payement, sous le prétexte de contestations sur la quotité, ni pour quel-qu'autre cause que ce soit ; sauf à se pourvoir en res-titution, s'il y a lieu, par-devant les juges compétens. *Art. XVI du décret.*	
4.	GREFFIERS	Ne sont point obligés de faire l'avance des droits des actes judiciaires, même de ceux qui contiendront trans-mission de biens-immeubles réels ou fictifs, qui doivent être enregistrés sur les minutes dans un mois du jour de leur date ; mais ils ne peuvent en délivrer d'expé-dition, ni de tous autres actes, avant l'enregistrement, à peine de payer personnellement le double des droits. *Art. X du décret.* Lorsqu'ils n'auront pas reçu des parties la somme des droits, pour mettre le préposé à même d'en faire le re-couvrement, ils doivent, dans le délai fixé pour la for-malité de l'enregistrement, lui délivrer un extrait des actes. *Voyez à la lettre* J, *art.* 4 *et* 5, *et l'art* X *du décr.*	Double des droits personnellement.
5.	GREFFIERS	Doivent tenir *répertoire*, jour par jour, de tous les actes volontaires qu'ils recevront, et de ceux dont il résultera transmission de propriété ou de jouissance de biens-immeubles, le tout à peine de 50 liv. pour cha-que omission. *Art. XIV du décret.*	50 liv. pour chaque omission sur le ré-pertoire.
6.	GRATIS DE DROITS.	*Voyez art.* 17 bis *de la lettre* A.	

H

1.er	HUISSIERS.	Sont tenus, ainsi que les parties, de payer les droits dans tous les cas, tels qu'ils sont exigés par le tarif ; ils ne peuvent en atténuer ni différer le payement, sous le prétexte de contestation sur la quotité, ni pour quel-que cause que ce soit, sauf à se pourvoir en restitution s'il y a lieu, par-devant les juges compétens. *Art. XVI du décret.*	
2.	HUISSIERS.	Les actes qu'ils font, doivent être soumis à l'enregis-trement, dans les quatre jours après celui de leur date, soit au bureau de leur résidence, soit au bureau du lieu où les actes auront été faits. *Art. VIII du décret.*	
3.	HUISSIERS.	Pour chaque exploit ou acte par eux fait, et qu'ils ne soumettent pas à la formalité de l'enregistrement dans le délai prescrit, ils doivent être condamnés à dix livres, outre la nullité des actes, et les juges n'y doi-vent avoir aucun égard. Et en cas de fausse mention de la formalité de l'en-registrement, ils encourront les mêmes peines que les notaires. *Art. XI du décret.*	10 liv. pour chaque omission.

ARTICLES.		H	QUOTITÉ des droits et peines, fixés par les décret et tarif.
4.	HUISSIERS.	Doivent tenir, de tous leurs exploits et actes, UN RÉPERTOIRE, jour par jour, sous peine d'une somme de dix livres pour chaque omission. *Art. XIV du décret.*	10 liv. pour chaque omission.
5.	HÉRITIERS Légataires et éventuels. Donataires	Doivent dans les six mois après le jour que la mutation s'opère, faire la déclaration et acquitter les droits des immeubles réels ou fictifs qui leur sont échus en propriété ou usufruit; et ce délai passé, ils seront contraints à payer lesdits droits, plus la moitié de la somme en quoi ils consistent. Les mêmes donataires et légataires éventuels doivent faire, à l'événement, une déclaration des sommes et autres objets mobiliers qu'ils ont recueillis. *Art. 2 de la 5e. sect de la 1re. classe du tarif. Voyez à la lettre D, art. 3, 19, 20, 21 et 22. Et l'art. XII du décret.*	Demi-droit en sus du droit ordinaire.
6.	HYPOTHÈQUE.	La reconnaissance ou maintien d'icelle, par acte judiciaire et notarié, doit........................ *5e. section de la 3e. classe du tarif.*	40 sous fixes.
7.	HYPOTHÈQUE, De quel jour les actes peuvent-ils l'acquérir.	Les actes enregistrés dans le délai prescrit, auront hypothèque du jour de leur date; et seulement du jour de l'enregistrement, lorsqu'ils ne recevront cette formalité qu'après le délai. *Art. X du décret.*	
8.	HYPOTHÈQUE.	Les droits concernant cette partie, doivent provisoirement être perçus comme par le passé, l'assemblée se réservant de statuer sur les droits auxquels cette partie pourra donner lieu. *Voyez le troisième alinéa du titre des Exceptions, à la suite du tarif du droit d'enregistrement.*	
9.	HOPITAUX, écoles d'instruction et d'éducation, et autres établissemens publics de bienfaisance.	Il ne sera payé que moitié des droits fixés par le tarif du droit d'enregistrement, tant sur les actes de la première, que sur ceux de la seconde et de la troisième classe, pour tout ce qui appartiendra et sera délivré, adjugé ou donné, par ventes, donations ou libéralités, legs, transactions et jugemens, en faveur des hôpitaux et autres établissemens désignés ci-contre. *Voyez le titre des Exceptions à la fin du tarif, où il est dit que l'assemblée nationale se réserve de statuer sur la fixation des droits qui seront payés pour les acquisitions, à quelque titre que ce soit, de biens-immeubles réels ou fictifs, qui pourront être faites par les hôpitaux, collèges, académies et autres établissemens permanens, et sur les formalités qui seront nécessaires pour autoriser ces acquisitions.*	Moitié des droits ordinaires.

		QUOTITÉ des DROITS et peines fixés par les décret et tarif.
	I J	

ARTICLES.

1er. **IMMEUBLES** échus par succession, legs ou donation éventuelle.

La déclaration en doit être enregistrée dans les six mois après le jour que la mutation en propriété ou usufruit se réalise ; SAVOIR:

Pour les immeubles réels , au bureau dans l'arrondissement duquel seront situés les biens.

Voyez pour leur estimation ce qui est dit à la lettre E , art. 13.

Et pour les immeubles fictifs, au bureau établi près le domicile du dernier possesseur.

Le délai passé sans l'acquit du droit, les contribuables seront contraints à le payer , plus la moitié de la somme en quoi il consiste.................... *Demi-droit en sus du droit ordinaire.*

Il sera payé deux fois la somme du droit sur la valeur des objets omis. *Deux fois le droit ordinaire.*

Art. VI du décret.

2. **INSUFFISANCE** d'estimation dans des déclarations et actes qui ne comportent pas de prix.

Les contraventions de ce genre sont prescrites après le laps de trois années.

Art. XVIII du décret.

3. **JUGES DE PAIX**

Les expéditions de leurs jugemens préparatoires et de pure instruction, sont dispensées de la formalité et du payement du droit d'enregistrement............ *Dispensées de l'enregistrement.*

Art. 7 de la 4e sect. de la 3e classe du tarif.

Mais les transactions des bureaux de paix, et les jugemens des juges de paix, lorsqu'ils contiendront transmission de biens-immeubles réels ou fictifs, seront enregistrés sur les minutes et dans le délai d'un mois , au bureau près de la justice du greffier.

Art. X du décret.

Voyez à la lettre G , art. 3 et 4.

4. **JUGEMENS** et autres actes dans le cas d'être enregistrés sur la minute , et dans un délai fixe ,

Sont tous jugemens et actes judiciaires, sentences arbitrales , transactions des bureaux de paix , et les jugemens des juges de paix , qui contiendront transmission de biens-immeubles réels ou fictifs ; ils doivent être enregistrés dans le délai d'un mois, au bureau établi près la juridiction du greffier.

Le greffier n'est point tenu de faire l'avance des droits; il ne peut cependant délivrer d'expédition avant que l'enregistrement ait été fait , à peine de payer de ses deniers deux fois le montant des droits........... *2 fois le montant des droits.*

Mais lorsqu'il n'aura pas reçu des parties la somme des droits , il sera tenu de remettre au préposé, dans le délai fixé pour l'enregistrement des actes des notaires; un extrait certifié des actes mentionnés ci-dessus ; et sur cet extrait, et après six mois du jour de la date desdits actes , les parties seront contraintes à payer deux fois le montant des droits.................... *2 fois le montant des droits.*

Lorsqu'un acte judiciaire aura été enregistré sur la minute , il en sera fait mention sur les expéditions qui ne seront sujettes à aucuns nouveaux droits.

Art. X du décret.

ARTICLES.		J		QUOTITÉ des DROITS et peines, fixés par les décret et tarif.
5.	**J U G E M E N S** et autres actes judiciaires dans le cas d'être enregistrés sur les expéditions, et ce que chacune d'elles doit,	Sont tous les jugemens et autres actes non désignés dans l'article ci-dessus. Le greffier ne peut en délivrer aucune expédition aux parties ou autres, avant d'en avoir acquitté le droit d'enregistrement, à peine du double des droits pour chaque omission.............		2 fois le montant du droit.
		Chaque expédition recevra la formalité; mais si les droits proportionnels sont exigibles suivant la première classe, ils ne seront payés que sur la première expédition, et les autres ne devront que le droit simple de vingt sous, aux termes de la quatrième section de la troisième classe du tarif.......................		20 sous fixes.
		Art. X du décret.		
6.	**J U G E M E N S** des tribunaux de commerce et de districts.	portant { Condamnation, Liquidation, Collocation, Obligation *ou* Attribution *ou* Transmission.	de sommes déterminées, et de valeurs mobiliaires, tant en principaux qu'intérêts, et dépens liquidés, payeront...................	5 sous par 100 liv.
			Sans que dans aucun cas cependant le droit puisse être moindre de vingt sous. *Art. 11 de la 1ère sect. de la 1ère classe du tarif.*	20 sous fixes. au moins.
		Nota. Lorsque la première expédition aura acquitté le droit proportionnel, les autres expéditions du même acte ou jugement ne devront que le droit fixe de vingt sous...................		20 sous fixes.
		Art. 8 de la 4e sect. de la 3e classe du tarif.		
7.	**J U G E M E N S** de condamnation par les tribunaux de districts,	en matière d'impôts, délits et contraventions,	Il sera dû..............	5 sous par 100 liv.
			Sans que le droit de chaque acte puisse dans aucun cas, excéder........ *Art. 11 de la 1ère. sect. de la 1ère classe du tarif.*	10 sous fixes.
8.	**J U G E M E N S** et CONTRATS,	portant { Délaissement, Déguerpissement, Renvoi et Rentrée } en possession	de biens immeubles, faute de payement de la rente ou d'exécution de clause du premier contrat, ou en vertu de retraits conventionnels, est dû..............	20 sous par 100 liv.
		Et dans le cas où le contrat antérieur auroit été jugé radicalement nul comme dans celui où il n'auroit pas été exécuté, soit par l'entrée effective de l'acquéreur en jouissance, soit par le payement du tout ou partie du prix, les droits, en ce cas, ne seront dus que sur le pied de..........................		20 sous fixes.
		Art. 7 de la 4e. sect. de la 1ère. classe du tarif.		

JUGEMENS

ARTICLES.	**J**		QUOTITÉ des DROITS et peines, fixés par les décret et tarif.
		Les expéditions de ces jugemens et actes, payeront chacun.	20 sous fixes.
9.	JUGEMENS PRÉPARATOIRES, et autres actes judiciaires de formalité ou d'instruction, ou qui ne sont seulement que l'exécution, le complément ou la consommation de contrats antérieurs et en forme,	rendus à l'audience ou passés au greffe des tribunaux.	*Voyez l'énumération de ces actes à la lettre A, art. 45.* où vous remarquerez de plus que les droits de ces actes ne pourront excéder ceux qui auront été perçus sur les contrats précédens auxquels ils auront rapport. Ceux en matière d'impôt, délits et contraventions en sont exceptés, les droits ne pouvant au plus être que de 10 sous. *Voyez art. 7 ci-dessus, et art. 3 pour les jugemens des juges de paix. Art. 11 de la 1ère. sect. de la 1re classe; et 4 de la 2e sect. de la 3e classe du tarif*	
10.	JUGEMENS et actes dont les droits ne peuvent excéder ceux perçus sur les contrats précédens auxquels ils ont rapport.		*Voyez ci-dessus à la lettre A, art. 45.*	
11.	JUGEMENS DÉFINITIFS en première instance,	par les tribunaux et districts,	rendus contradictoirement ou par défaut, et qui ne sont pas applicables à la 1ère classe du tarif, sera payé............ *Voyez l'énumération de ces actes à la lettre A, art. 46.*	40 sous fixes.
12.	JUGEMENS et actes judiciaires,		qui ne pourront recevoir d'application à aucune des classes et sections du tarif, payeront............... *Art. 9 de la 4e sect. de la 3e classe du tarif.*	20 sous fixes.
			Nota. Les droits des jugemens en matière d'impôts, délits et contraventions, ne peuvent jamais excéder 10 sous. *V. Art. 7 ci-dessus.*	
13.	JUGEMENS et expéditions d'iceux, en *matière criminelle.*		Sont exempts de la formalité et du payement du droit d'enregistrement, soit qu'ils soient préparatoires ou définitifs, pourvu qu'ils soient rendus sur la poursuite du ministère public, sans partie civile. *Art. 5 de la 2e sect. de la 3e classe du tarif.*	Dispensés de la formalité.
14.	JUGEMENS du tribunal de cassation.		Les expéditions d'iceux devront............... *Art. 2 de la 8e section de la 3e classe du tarif.*	12 livres fixer.
15.	JUGEMENS et actes,	portant { Émancipation........... d'âge........ Bénéfice { d'inventaire, et de rescision.....	En quelque nombre que soient les impétrans.....	6 livres fixes.
		Art. 1er de la 7e sect. de la 3e. classe du tarif.		

P

ARTICLES.	J		QUOTITÉ des DROITS et peines, fixés par les décret et tarif.
16.	JUGEMENS définitifs, rendus sur appel,	et dont les objets ne seront ni liquidés, ni évalués, sera payé.......................... *Art. 4 de la 7e. sect. de la 3e. classe du tarif.*	6 livres fixes.
17.	JUGEMENS qui donnent acte	d'appel, d'affirmation, d'acquiescement, doivent...................... *5e section de la 3e classe du tarif.*	40 sous fixes.
18.	JUGEMENT portant autorisation,	doit........................ *Art. 1er de la 4e. sect. de la 3e. classe du tarif.*	20 sous fixes.
19.	JUGEMENS concernant les	Hôpitaux, Ecoles... d'instruction et d'éducation, et autres établissemens publics de bienfaisance, ne doivent que moitié des droits fixés par les diverses classes du tarif............... *Voyez à la let. H, art. 9.*	Moitié des droits ordinaires.
20.	JUGEMENT et autres actes judiciaires.	S'ils sont enregistrés dans le délai prescrit, ils acquièrent hypothèque du jour de leur date. Et si au contraire l'enregistrement est fait après les délais fixés, les actes n'acquièrent d'hypothèque que du jour qu'ils sont enregistrés. *Article X du décret.*	
21.	INTERDICTIONS	Par acte ou jugement, doivent................ *Art. 1er de la 8e sect. de la 3e classe du tarif.*	12 livres fixes.
22.	INVENTAIRES devant notaires ou au greffe.	Doivent à raison des objets mobiliers qui y sont compris........................ *Art. 2 de la 2e sect. de la 1ere classe du tarif.* ET Pour ceux de titres et papiers, lorsqu'ils seront séparés de l'inventaire du mobilier de la succession ou de l'absent, et qu'ils énonceront des titres de propriété des immeubles, sera dû.................. *Art. 2 de la 7e sect. de la 3e classe du tarif.* *Nota.* Pour les inventaires sous signatures privées, *voyez art. 7.* *Voyez aussi l'art. 34 ci-après.*	10 sous par 100 liv. 6 livres fixes.
23.	INVENTAIRE	Pour leur clôture en justice, est dû............. *5e section de la 3e classe du tarif.*	40 sous fixes.
24.	INDEMNITÉS	de sommes en valeurs déterminées, doivent........ *Art. 3 de la 2e sect. de la 1ere classe du tarif.* Si l'objet n'en est pas estimé, est dû........... *Art. 2 de la 6e sect. de la 3e classe du tarif.*	10 sous par 100 liv. 3 livres fixes.
25.	INSTITUTION D'HÉRITIER	par testament et autre acte de dernière volonté. Sera payé un seul droit pour chaque instituant, à raison de la cotte d'habitation dans la contribution personnelle des contractans.... *Art. 1er de la 2e classe du tarif.* Cependant si l'institution est faite en ligne directe, elle ne sera assujettie qu'au demi-droit............ *Art. 4 de la 2e classe du tarif.* *Voyez au surplus à la lettre I, art. 7.*	A raison de la cotte d'habitation dans la contribution personnelle. Mi-droit.

ARTICLES.	I			QUOTITÉ des DROITS et peines, fixés par les décret et tarif.
26.	**INSTITUTIONS** contractuelles; et autres dispositions de biens à venir,	par acte entre-vifs.	Sera payé un seul droit à raison de la cotte d'habitation dans la coutribution personnelle des contractans.. *Art. 2 de la 2e classe du tarif.* Et si la disposition est en directe, il ne sera dû que le demi-droit.... *Art. 4 de la 2e classe du tarif.*	A raison de la cotte d'habitation dans la contribution personnelle. Moitié du droit.
27.	**INVENTAIRES** sous seing-privé, à l'exception de ceux de commerce entre associés.	Ils ne peuvent être enregistrés après le délai de six mois, du jour de leur date, qu'en payant deux fois la somme des droits. *Voyez à la lettre A, art.* 15. *Et l'art. XI du décret.*		
28.	**IMMEUBLES** réels ou fictifs. **DROITS** auxquels ils sont assujettis aux mutations de propriété ou d'usufruit; *SAVOIR;*	**EN DIRECTE,** ÉCHUS par	succession, donation en propriété....... éventuelle, ou legs.. en usufruit........ *Art. 12 de la 1ere sect. de la 1ere cl. du tar.*	5 sous par 100 liv. 2 sous 6d par 100 liv.
		DONNÉS par contrat de mariage notarié,	passé avant la célébration...... *Art. 1er de la 2e. sect. de la 1ere classe du tarif.* passé après la célébration....... *Art. 4 de la 3e. sect. de la 1re. cl. du tarif.*	10 sous par 100 liv. 15 sous par 100 liv.
		DONNÉS par contrats de mariage sous signatures privées, soumis à l'enregistrement dans les six mois de leur date............... *Art. 4 de la 3e. sect. de la 1re. classe du tarif.*		15 sous par 100 iiv.
		DONNÉS à titre gratuit par actes entre-vifs, hors contrat de mariage.	en propriété................. *Art. 4 de la 4e sect. de la 1re classe du tarif.* en usufruit.................. *Art. 5 de la 2e. sect. de la 1re classe du tarif.*	20 sous par 100 liv. 10 sous par 100 liv.
		VENDUS ou cédés....	à titre onéreux hors contrat de mariage.................. *Art. 4 de la 4e. sect. de la 1re classe du tarif.*	20 sous par 100 liv.
		AU SURVIVANT DES ÉPOUX, DONNÉS à quelque titre que ce soit...	en propriété................. *Art. 9 de la 4e sect. de la 1re classe du tarif.* en usufruit.................. *Art. 6 de la 2e sect. de la 1re classe du tarif.*	20 sous par 100 liv. 10 sous par 100 liv.

ARTICLES.		QUOTITÉ des DROITS et peines, fixés par les décret et tarif.

I

DONNÉS

par contrat de mariage .... — 20 sous par 100 liv.
Art. 2 de la 2ᵉ section de la yᵉ classe du tarif.

par acte entre-vifs, hors contrat de mariage, d'objets présens .... — en propriété, — Est dû les mêmes droits qu'il va être expliqué au 1ᵉʳ paragraphe ci-après, et suivant les mêmes articles et sections du tarif qui y sont rapportés..........

ÉCHUS..

par succession ou, par donation éventuelle ou legs,

en propriété :
aux frères, sœurs, oncles et neveux............ — 40 sous par 100 liv.
Art. 2 de la 6ᵉ. sect. de la 1ʳᵉ classe du tarif.
aux parens aux 3ᵉ et 4ᵉ degrés................ — 3 livres par 100 liv.
Art. 1ᵉʳ de la 7ᵉ. sect. de la 1ʳᵉ classe du tar.
aux parens au-delà du 3ᵉ degré et étrangers...... — 4 liv. par 100 liv.
8ᵉ. section de la 1ʳᵉ classe du tarif.

en usufruit :
aux frères, sœurs, oncles et neveux............ — 20 sous par 100 liv.
Art. 8 de la 4ᵉ sect. de la 1ʳᵉ classe du tarif.
aux parens aux 3ᵉ et 4ᵉ degrés................ — 30 sous par 100 liv.
Art. 3 de la 5ᵉ sect de la 1ʳᵉ classe du tarif.
aux parens au-delà du 4ᵉ degré et étrangers...... — 40 sous par 100 liv.
Art. 3 de la 6ᵉ sect. de la 1ʳᵉ classe du tarif.

EN COLLATÉRALE OU A DES ÉTRANGERS,

Suite de l'artic. 28. IMMEUBLES réels ou fictifs.

DROITS auxquels ils sont assujettis aux mutations de propriété ou d'usufruit;

SAVOIR;

par retrait de réméré exercé dans le délai stipulé non excédant douze années .... — 5 sous par 100 liv.
Art. 3 de la 1ᵉʳᵉ section de la 1ʳᵉ classe du tarif.
(*Voyez cependant ci-après.*)

par licitation adjugée :
à des co-propriétaires.................... — 20 sous par 100 liv.
Art. 3 de la 4ᵉ sect. de la 1ʳᵉ cl. du tarif.
à des étrangers à la propriété des biens........ — 40 sous par 100 liv.
Art 1ᵉʳ de la 6ᵉ sect. de la 1ʳᵉ cl. du tarif.

par échange, sans soulte, sur la valeur de l'une des parts. — 20 sous par 100 liv.
Art. 5 de la 4ᵉ sect. de la 1ʳᵉ classe du tarif.

par soulte :
de partage.................... — 20 sous par 100 liv.
Art. 3 de la 4ᵉ sect. de la 1ʳᵉ cl. du tarif.
d'échange.................... — 40 sous par 100 liv.
Art. 5 de la 4ᵉ sect. de la 1ʳᵉ cl. du tarif.

par bail à vie :
sur une tête.................... — 20 sous par 100 liv.
Art. 8 de la 4ᵉ sect. de la 1ʳᵉ cl. du tarif.
sur plus d'une tête.................... — 40 sous par 100 liv.
Art. 1ᵉʳ de la 6ᵉ sect. de la 1ʳᵉ cl. du tarif.

par bail au-dessus de 30 ans.................... — 40 sous par 100 liv.
Art. 1ᵉʳ de la 6ᵉ sect. de la 1ʳᵉ cl. du tarif.

par bail à rente.................... — 40 sous par 100 liv.
Art. 1ᵉʳ de la 6ᵉ sect. de la 1ʳᵉ classe du tarif.

	I	QUOTITÉ des DROITS et peines fixés par les décret et tarif.

par engagement et contrat pignoratif, { jusques et y compris 12 années.......... *Art. 6 de la 4e sect. de la 1re cl. du tar.*	20 sous par 100 liv.
au-dessus de 12 années............. *Art. 1er de la 6e sect. de la 1re cl. du tar.*	40 sous par 100 liv.
par vente, cession et adjudication.............. *Art. 1er de la 6e section de la 1re classe du tar.*	40 sous par 100 liv.
par rétrocession....................... *Art. 1er de la 6e section de la 1re classe du tarif.*	40 sous par 100 liv.
par rentrée et renvoi en possession, faute de payement de la rente ou d'exécution des clauses du premier contrat, ou en vertu de *retrait conventionnel*, excepté pour cause de nullité du titre primitif............ *Art. 7 de la 4e section de la 1re classe du tarif.*	20 sous par 100 liv.
par déclaration de command ou d'ami, { faite dans les six mois qui suivront les ventes et adjudications, en vertu des réserves expressément stipulées, et aux mêmes conditions que l'acquisition..... *Art. 1er de la 4e sect. de la 1re classe du tarif.*	20 sous fixes.
faite après les six mois de l'acquisition........... *Art. 1er de la 6e sect. de la 1re classe du tarif.*	40 sous par 100 liv.

29. **INSTANCES** relatives à la perception du droit d'enregistrement.

L'introduction et l'instruction auront lieu par simples requêtes ou mémoires respectivement communiqués, sans aucuns frais, autres que ceux du papier timbré et des significations des jugemens interlocutoires et définitifs, et sans qu'il soit nécessaire d'y employer le ministère d'aucuns avocats ou procureurs, dont les écritures n'entreront point en taxe.
Art. XXV du décret.

30. **INSTANCES** *ci-devant engagées*; relativement à la perception des droits de contrôle, insinuation, 100e denier, et autres y joints.

Elles seront éteintes et comme non-avenues, à compter du jour de l'exécution du décret qui supprime ces droits; mais les parties pourront se pourvoir de nouveau tant à charge qu'à décharge, sous les formes et dans les délais prescrits par les articles XVIII et XXV du même décret.
Voyez l'art. ci-dessus.

Nota. L'article XVIII porte que toute demande et action tendante à un supplément de droit sur un acte ou contrat, sera prescrite après le délai d'une année, à compter du jour de l'enregistrement : les parties auront le même délai pour se pourvoir en restitution.

Toute contravention pour omission ou insuffisance d'évaluation dans les déclarations des héritiers, légataires et donataires éventuels, sera pareillement prescrite après le laps de trois années.

Enfin, toute demande de droits résultant de successions directes ou collatérales, pour raison de biens-meubles ou immeubles réels ou fictifs échus en propriété ou en usufruits, par testamens, dons éventuels ou autrement, sera prescrite après le laps de cinq années, à compter du jour de l'ouverture des droits.

Quant à l'article XXV du décret; il est rapporté ci-dessus *art. 29.*

ARTICLES.	I	QUOTITÉ des DROITS et peines, fixés par les décret et tarif.
31.	**IMMEUBLES** RÉELS; De quelle manière ils doivent être estimés,	soit qu'ils soient échus par succession, legs ou donation entre-vifs ou à cause de mort, soit qu'ils se trouvent compris dans des actes qui ne comportent pas de prix. *Voyez ce qui est dit à ce sujet à la lettre E, art.* 13.	
32.	**INSINUATION** de FORMALITÉ,	sera donnée aux actes qui exigent la publicité, ainsi qu'il est prescrit par l'art.cle XXIV du décret de l'assemblée nationale, des 7 et 7 septembre 1790. *Art.* I*er du décret du 5 décembre suivant.*

Nota. Par un autre décret du 28 janvier 1791, l'assemblée nationale déclare (art. VII) que par la disposition de l'art. XXIV du décret des 6 et 7 septembre 1790, concernant *l'insinuation*, elle n'a pas entendu déroger à la déclaration du 17 février 1731, ni à l'ordonnance du même mois, ni aux autres loix de même nature; qu'en conséquence, les actes assujettis par ces loix à l'insinuation, continueront d'être insinués, suivant les règles qu'elles ont établies, soit aux greffes des tribunaux de districts de la situation des immeubles, soit dans ceux du domicile des donateurs.

Sans néanmoins qu'on puisse arguer de nullité les insinuations qui, depuis la publication dudit décret, jusqu'à celle du présent, auroient pu être faites, par une interprétation erronnée dudit article XXIV, dans les bureaux des lieux où il n'existoit ci-devant que des justices seigneuriales, et où sont actuellement établis des tribunaux de districts.

Seront également observées pour la publication judiciaire des actes qui seront soumis à cette formalité, les distinctions établies par les anciennes loix, entre les tribunaux de la situation des biens, et les tribunaux domiciliaires. | |
| 33. | **JUGES** DES TRIBUNAUX de commerce, de districts, et autres. | Ne doivent avoir aucun égard ni rendre aucun jugement avant l'enregistrement des actes sous seing-privé, même des billets à ordre, en conséquence desquels il sera formé quelques demandes principales, incidentes ou en reconvention : ils ne peuvent être signifiés ni produits en justice avant cette formalité remplie, et toute poursuite et signification faite au préjudice de cette disposition, sera nulle. | |
| 34. | **INVENTAIRES** du mobilier et des titres et papiers } des gens de main-morte. | Décret du 20 avril 1790, qui porte, *art. XI*, qu'aussitôt après sa publication, les assemblées de districts ou leurs directoires feront faire, sans frais et *sans droits de contrôle*, un inventaire du mobilier et des titres et papiers dépendans de tous les bénéfices, corps, maisons et communautés de l'un et de l'autre sexe, etc. *Voyez cependant Art.* 22 *ci-dessus.* | Dispensés de droits. |

ARTICLES.	L	QUOTITÉ des DROITS et peines, fixés par les décret et tarif.
1er.	**LÉGATAIRES** et donataires éventuels. **d'immeubles réels ou fictifs.** Doivent, dans les six mois après le jour que la mutation s'opère, faire la déclaration et acquitter les droits de tous les immeubles réels qui leur sont échus en propriété ou usufruit ; SAVOIR : Pour les immeubles réels, au bureau de la situation des biens ; Et pour les immeubles fictifs, au bureau près le domicile du dernier possesseur.	
	Et passé ce délai, les parties peuvent être contraintes à payer lesdits droits, plus la moitié de la somme en quoi ils consistent. *Art. XII du décret.*	Demi-droit en sus du droit ordinaire.
2.	**LEGS UNIVERSEL,** ce qui le caractérise. Sera réputé tel, tout legs qui s'étendra sur la totalité des biens du testateur, meubles ou immeubles, ou sur un genre de biens propres, acquêts ou conquêts, et le droit d'enregistrement en sera payé à raison de la cote d'habitation dans la contribution personnelle des contractans. *Art. 1er de la 2e classe du tarif.* Cependant si le legs universel est fait en ligne directe, il ne sera assujetti qu'au demi-droit............ *Art. 4 de la 2e classe du tarif.*	A raison de la cote d'habitation dans la contribution personnelle. Moitié de droit ordinaire.
3.	**LEGS PARTICULIERS,** et ce qui les caractérise. Seront réputés tels, et sujets aux droits sur la déclaration estimative, tous ceux qui comprendront des objets mobiliers, désignés par leur espèce ou leur situation, quand même la consistance ou la quantité n'en seroient pas déterminées, tels que legs de la totalité des livres, linges et habits, armes et ustensiles du testateur, des meubles garnissant une chambre ou une maison, et autres semblables. *Art. 1er de la 2e classe du tarif.*	
4.	**LEGS** d'objets désignés et susceptibles d'estimation, **en directe,** de sommes et effets mobiliers............ *Art. 13 de la 1re. sect. de la 3e. classe du tarif.* d'immeubles réels en propriété....... ou fictifs, en usufruit........	5 sous par 100 liv. 5 sous par 100 liv. 2 sous 6^d par 100 liv.
	Mais il ne sera rien dû pour la réunion qui s'opérera de l'usufruit à la propriété, lorsque le droit d'enregistrement aura été acquitté sur la valeur entière du titre de propriété. *Art. 12 de la 1re. sect. de la 1re. classe du tarif.*	
5.	**LEGS** mobiliers, non en directe. Si les sommes ou effets sont désignés, et susceptibles d'être estimés, est dû à raison de leur valeur, sauf à faire distraction des sommes et objets compris dans les legs et dispositions auxquels il aura été fait renonciation à temps utile et par acte en forme............ *Art. 1er de la 3e. sect. de 1re. classe du tarif.*	30 sous par 100 liv.

K

ARTICLES.	L	QUOTITÉ des DROITS et peines, fixés par les décret et tarif.

6. L E G S non en directe , d'immeubles réels ou fictifs.

aux frères, sœurs, oncles et neveux ,
- en usufruit.......... *Art. 8 de la 4e sect. de la 1re cl. du tarif.* — 20 sous
- en propriété.......... *Art. 2 de la 6e sect. de la 1re cl. du tarif.* — 40 sous

aux parens aux 3e et 4e degrés ,
- en usufruit.......... *Art. 3 de la 5e. sect. de la 1ere cl. du tarif.* — 30 sous
- en propriété.......... *Art. 1er de la 7e. sect. de la 1re. cl. du tarif.* — 3 livres

aux parens , au-delà du 4e degré, et étrangers ,
- en usufruit.......... *Art. 3 de la 6e sect. de la 1re. cl. du tarif.* — 40 sous
- en en propriété....... *8e. section de la 1re classe du tarif.* — 4 livres

} par 100 liv.

7. L E G S ou libéralités , en faveur des Hôpitaux , Écoles } d'instruction et d'éducation , Et autres établissemens publics de bienfaisance.
Il n'est dû que moitié des droits fixés par le tarif... *V. à la lettre H , art. 9* — Moitié des droits ordinaires.

8. L E G S.
Leurs délivrances.................... *Art. 1er de la 4e section de la 3e classe du tarif.* — 20 sous fixes.
Les renonciations à iceux , à raison d'un droit pour chaque legs............ *Art. 1er de la 4e sect. de la 3e. classe du tarif.* — 20 sous fixes.

9. L E T T R E S ou jugemens et actes de bénéfice { d'âge , d'inventaire , ou rescision } En quelque nombre que soient les impé- trans.......... *Art. 1er de la 7e. sect. de la 3e. classe du tarif.* — 6 livres fixes.

10. L E T T R E S de voiture , Passées devant les officiers publics , à raison d'un droit pour chaque personne à qui les envois seront faits. *Art. 1er de la 1re section de la 3e. classe d tarif* — 5 sous fixes.

11. L E T T R E S de change , tirées de places en places et leurs endossemens. Sont exempts de la formalité et du droit d'enregistrement....... *Art. II du décret.* — Exempts de l'enregistrement.

12. L I V R E S des marchands, concernant leur commerce , lorsqu'ils ne contiendront point d'obligations. Les extraits d'iceux sont exempts de l'enregistrement et du payement des droits.................... *Art. II du décret.* — Exempts de l'enregistrement.

13. LIBÉRATIONS d'immeubles De sommes déterminées , sera payé.......... *Art. 3 de la 1re section.* — 5 sous par 100 liv.

14. LICITATIONS d'immeubles réels ou fictifs. A raison du prix de ce qui sera transporté aux cessionnaires ou adjudicataires.
SAVOIR:
- A un co-propriétaire......... *Art. 3 de la 4e sect. de la 1re classe du tarif.* — 20 sous par 100 liv.
- Et pour les objets adjugés à toute autre personne étrangère à la propriété des biens licités. *Art. 1er de la 6e sect. de la 1re classe du tar.* — 40 sous par 100 liv.

MARCHÉS

ARTICLES.				QUOTITÉ des DROITS et peines, fixes par les décrets et tarif.
1er.	MARCHÉS et ADJUDICATIONS,	pour { Constructions, Réparations, Entretien, Approvisionnemens Et fournitures,	dont le prix doit être payé des deniers du trésor public, ou par les départemens, districts et municipalités, est dû...	5 sous par 100 liv.
		Art. 4 de la 1re sect. de la 1re classe du tarif.		
2.	MARCHÉS autres que ceux ci-dessus,	composés de sommes déterminées et d'objets mobiliers, désignés et susceptibles d'évaluation, doivent........ *Art. 7 de la 2e sect. de la 1re classe du tarif.* *Nota.* Les résilimens de ces marchés avant que leur exécution ait été entamée, doivent........ *Art. 1er de la 4e sect. de la 3e classe du tarif.*		10 sous par 100 liv. 20 sous fixes.
3.	MATELOTS et gens de mer et d'équipage,	Leurs engagemens et les quittances de leurs salaires, qu'ils donnent aux armateurs à leur retour de voyage, doivent pour chaque engagement ou quittance, sans égard aux sommes qui seront désignées dans ces actes.. *Art. 2 de la 1ere sect. de la 2e classe du tarif.*		5 sous fixes.
4.	MAINTIEN OU RECONNOISSANCE	d'hypothèque en justice, doit.................. *5e section de la 3e classe du tarif.*		40 sous fixes.
5.	MAIN-LEVÉE	{ d'opposition ou de saisie,	par acte civil ou judiciaire, doit...... *5e sect. de la 3e classe du tarif.*	40 sous fixes.
6.	MAINTENUE en POSSESSION.	En justice, le jugement qui porte cette disposition, doit............................... *5e section de la 3e classe du tarif.*		40 sous fixes.
7.	MÉMOIRES D'AVANCES, et frais des officiers de justice.	S'ils ne contiennent point d'obligation, ils sont exempts du droit d'enregistrement............. *Art. XI du décret.*		Exemptes de l'enregistrement.
8.	MUTATION { de propriété ou d'usufruit, dont il n'existera aucun acte.	Le titre de propriété ou d'usufruit d'immeubles réels ou fictifs sera enregistré. Et à défaut d'acte en forme ou sous seing-privé, contenant translation de nouvelle propriété, il sera fait enregistrement de la déclaration que les propriétaires et les usufruitiers seront tenus de fournir de la consistance et de la valeur de ces immeubles, soit qu'ils les ayent recueillis par succession ou autrement en vertu des loix et coutumes, ou par l'échéance des conditions attachées aux dispositions éventuelles; et à raison de cette formalité, il sera payé un droit dont les proportions sont déterminées par le tarif. *Art. 11 du décret.*		
9.	MEUBLES compris dans une vente d'immeubles.	S'ils ne sont estimés, ou s'il n'y a pour iceux un prix particulier, il est dû du tout.................. *Art. 2 de la 5e section de la 1re classe du tarif.* Si au contraire il y a un prix ou une estimation distincte, il n'est dû, conformément à l'article 2 de la quatrième section de la première classe du tarif, que..		40 sous par 100 liv. 20 sous par 100 Liv.

Q

ARTICLES.		QUOTITÉ des DROITS et peines, fixés par les décret et tarif.

M

		Légués. { par testament ou autre disposition à cause de mort.............. *Art. 13 de la 1re. sect. de la 1re classe du tarif.*	5 sous par 100 liv.

10.	**MEUBLES** et autres objets mobiliers ; DROITS auxquels ils sont assujettis ; SAVOIR ;			
		EN DIRECTE,	**Donnés** { par contrat de mariage notarié, passé avant la célébration...... *Art. 1er de la 2e. sect. de la 1re classe du tar.*	10 sous par 100 liv.
			après la célébration.......... *Art. 4 de la 3e sect. de la 1re classe du tarif.*	15 sous par 100 liv.
			par contrats de mariage sous seing-privé soumis à l'enregistrement dans le délai de six mois après leur date............... *Art. 4 de la 3e sect. de la 1re classe du tarif.*	15 sous par 100 liv.
			Si les contrats ne sont soumis à l'enregistrement qu'après six mois de leur date, il est dû le double des droits......,...... *Art. II du décret.*	30 sous par 100 liv.
		par acte entre-vifs, { en usufruit........... *Art. 5 de la 2e sect. de la 1re classe du tarif.*	10 sous par 100 liv.
			en propriété........ *Art. 4 de la 4e sect. de la 1re classe du tarif.*	20 sous par 100 liv.
		Vendus ou cédés { en propriété............. *Art. 4 de la 4e sect. de la 1re classe du tarif.*	20 sous par 100 liv.
		Au survivant des époux, { donnés à quelque titre que ce soit en propr. *Art. 9 de la 4e section de la 1re classe du tarif.*	20 sous par 100 liv.
		Par contrat de mariage notarié, ou sous seing-privé............. *Art. 1er de la 2e sect. et art. 4 de la 3e section de la 1re classe du tarif.*	20 sous par 100 liv.
		Si le contrat étant sous seing-privé, n'étoit soumis à l'enregistrement qu'après six mois de sa date, il seroit dû le double du droit.. *Art. XI du décret.*	40 sous par 100 liv.
		Donnés ou cédés par parens collatér. ou étrangers, par donation ou legs d'objets présens...... *Art. 1er de la 5e sect. de la 1re classe du tarif.*	30 sous par 100 liv.
		par dons ou legs éventuels, à l'événement.. *Art. 2 de la 5e sect. de la 1re classe du tarif.*	30 sous par 100 liv.
		par vente, cession ou adjudication....... *Art. 2 de la 4e sect. de la 1re. classe du tarif.*	20 sous par 100 liv.
		par donations mutuelles, ou conventions réciproques de libéralité d'objets présens et déterminés................ *Art. 3 de la 3e sect. de la 1re cl. du tar.*	15 sous par 100 liv.
		par soulte de partage mobilier.......... *Art. 2 de la 2e sect. de la 1re cl. du tar.*	20 sous par 100 liv.

ARTICLES.			QUOTITÉ des DROITS et peines, fixés par les décret et tarif.
	N		
11.	MOBILIER échu à des légataires et donataires éventuels.	Les donataires et légataires éventuels sont tenus de faire une déclaration des sommes et autres objets mobiliers qu'ils ont recueillis par le décès des donateurs, ou par l'évènement d'autres conditions éventuelles et prévues par actes ou contrats qui n'auront pas payé les droits proportionnels sur lesdites sommes ou valeurs desdits effets mobiliers, et doivent............... *Art. 2 de la 5e. sect. de la 1ere. classe du tarif.* *Voyez au surplus l'article précédent*, pour les exceptions à faire en directe ou pour les survivant des époux. *Et à la lettre* D, *art.* 24, pour les droits perçus sur les actes dont il faut tenir compte aux parties.	3o sous par 1oo liv.
	N		
1er.	NOTAIRES,	Sont tenus, ainsi que les parties, de payer les droits dans tous les cas, ainsi qu'ils sont réglés par le Tarif ; ils ne peuvent en atténuer ni différer le payement sous le prétexte de contestation sur la quotité, ni pour quelque cause que ce soit, sauf à se pourvoir en restitution, s'il y a lieu, pardevant les juges compétens. *Art. XVI du décret.*	
2.	NOTAIRES.	Les actes qu'ils reçoivent, doivent être soumis à l'enregistrement ; savoir : dans les dix jours après celui de la date, lorsque l'officier réside dans le même lieu que celui où le bureau est établi, et dans les vingt jours lorsque l'officier réside hors le lieu de l'établissement du bureau ; à l'exception cependant des testamens qui doivent être présentés trois mois au plus tard après le décès du testateur. *Art. VIII du décret.*	
3.	NOTAIRES.	Dans les expéditions de leurs actes, ils doivent faire mention de la formalité de l'enregistrement, par la transcription littérale de la quittance du receveur ; et dans le cas de fausse mention d'enregistrement, ils doivent être condamnés aux peines prononcées pour le faux matériel. *Article VIII du Décret.*	
4.	NOTAIRES,	S'ils délivrent un acte soit en brevet, soit par expédition, avant qu'il ait été enregistré, ils seront tenus de la restitution des droits, comme il va être dit à l'article suivant, et interdits s'il y a récidive. *Art. VIII du décret.*	
5.	NOTAIRES,	Leurs actes non enregistrés dans les délais fixés, ne vaudront que comme actes sous seings-privés : ils seront responsables envers les parties des dommages qui pourroient résulter de cette omission ; ils seront contraints, sur la demande du préposé, à payer deux fois le montant des droits, dont l'un sera à leur charge et l'autre à celle des contractans. *Art. IX du décret. (Voyez au surplus l'art. ci-après.*	

Q 2

ARTICLES.	N	QUOTITÉ des DROITS et peines, fixés par les décret et tarif.
6.	NOTAIRES.	S'ils négligent de faire enregistrer leurs actes ; en ce cas, les parties pourront elles-mêmes requérir cet enregistrement en acquittant une fois le droit, sauf leur recours contre les notaires à qui elles l'auroient déjà payé, et sauf au préposé à poursuivre les notaires pour le second droit résultant de leur contravention. *Art. IX du décret.*	20 sous fixes.
7.	NOTAIRES.	Ne peuvent recevoir en dépôt aucun acte sous seing privé, sans être enregistré préalablement, si ce n'est les testamens. Ils ne peuvent aussi, avant ce préalable rempli, délivrer d'extraits ou copies collationnées, ni passer aucun acte ou contrat en conséquence desdits actes sous seing privé. *Art. IX du décret.* (*Voyez au surplus à la lettre* A, *art.* 16.)	
8.	NOTAIRES.	Sont tenus, à peine d'une somme de 50 livres pour chaque omission, d'inscrire jour par jour sur leurs répertoires, les actes et contrats qu'ils reçoivent, même ceux qu'ils délivrent en brevet. Les testamens, et les actes de dépôt de ceux sous signature privée doivent aussi y être inscrits, sans autre indication que celle de la date de l'acte, et du nom des testateurs ; et le préposé ne peut prendre communication de ces actes, ni aucune note qui y soit relative, avant le décès des testateurs. *Art. XIV du décret.* *Nota.* Par décret du 20 janvier 1791, il est dit, *art. II.*, que le 31 dudit mois, les notaires et tabellions feront arrêter leurs répertoires par l'un des officiers du tribunal de district ; à défaut de tribunal, par le juge de paix, et que les préposés pourront se faire représenter ces répertoires pour s'assurer de l'exécution de cette disposition.	50 liv. pour chaque omission.
9	NOTAIRES.	Doivent à toute réquisition exhiber leurs répertoires aux préposés, et leur communiquer seulement les actes passés dans l'année antérieure, à compter du jour où cette communication sera demandée. Quant aux actes plus anciens, les préposés ne pourront en requérir la lecture qu'en indiquant leur date et les noms des parties contractantes, et sur ordonnance de juge ; et s'ils en demandent des expéditions, elles leur seront délivrées en payant 2 sous 6 den. par chaque extrait ou rôle d'expédition, outre les frais du papier timbré. *Article XIV du décret.*	
10.	NOTAIRES.	Doivent certifier conformes à l'original, les copies d'actes dont ils ne conservent pas de minute, et que les préposés tireront comme contenant des renseignemens dont la trace peut être utile ; et en cas de refus de l'officier, le préposé s'en procurera la collation en forme à ses frais, sauf répétition en cas de droit : le tout dans les vingt-quatre heures de la présentation de l'acte au bureau. *Art. XVII du décret.*	

ARTICLES.		O	QUOTITÉ des DROITS et peines fixés par les décret et tarif.
11.	NULLITÉ.	Lorsque pour cette cause ou toutes autres , on refait des actes sans aucuns changemens qui ajoutent aux objets des conventions ou à leur valeur , il ne sera perçu pour lesdits actes refaits que............ *Art. 5 de la 4ᵉ sect. de la 3ᵉ classe du tarif.*	20 sous fixes.
		Il en sera de même des contrats et jugemens qui, en prononçant la nullité d'un acte translatif de propriété de biens-immobiliers , entr'autre , parce qu'il n'auroit pas été exécuté , soit par l'entrée effective de l'acquéreur en jouissance , soit par le payement du tout ou partie du prix , opéreront le délaissement , déguerpissement , renvoi et rentrée en possession desdits biens , faute de payement de la rente ou d'exécution des clauses du premier contrat , ou en vertu de retraits conventionnels............ *Art. 7 de la 4ᵉ. sect. de la 1ʳᵉ. classe du tarif.*	20 sous fixes.
12.	NOMINATIONS en justice , au greffe , ou devant notaires ,	d'Experts , ou d'Arbitres. } Est dû............ *Art. 1ᵉʳ de la 4ᵉ. sect. de la 3ᵉ. classe du tarif.*	20 sous fixes.
		Tuteurs , de Curateurs , Commissaires , Directeurs , ou Séquestres. } Est dû............ *5ᵉ. section de la 3ᵉ. classe du tarif.*	40 sous fixes.
13.	NANTISSEMENS en justice.	Le jugement qui le prononce , doit............ *5ᵉ. section de la 3ᵉ. classe du tarif.*	40 sous fixes.
	NOTIFICATION DE RECOURS au *tribunal de cassation.*	Le premier acte qui contiendra cette notification devra............ Ainsi que les expéditions des jugemens de cette cour. *Art. 2 de la 8ᵉ. section de la 3ᵉ. classe du tarif.*	12 livres fixes. 12 livres fixes.
		O	
1ᵉʳ.	OFFICIERS PUBLICS doivent payer les droits suivant qu'ils sont réglés par le tarif.	Les notaires , greffiers et huissiers sont tenus , ainsi que les parties , de payer les droits dans tous les cas , suivant qu'ils sont réglés par le tarif. Ils ne peuvent ni atténuer ni différer le payement sous le prétexte de contestation sur la quotité , ni pour quelque cause que ce soit , sauf à se pourvoir en restitution , s'il y a lieu , par-devant les juges compétens. *Art. XVI du décret.*	
2.	OFFICIERS PUBLICS; ce que les préposés sont en droit d'exiger d'eux.	Les préposés ne peuvent faire aucune visite domiciliaire ou recherche générale dans leurs dépôts , mais ils sont en droit de leur faire exhiber leur répertoire à toute réquisition , et d'exiger la communication seulement des actes passés dans l'année antérieure , à compter du jour où cette communication sera demandée. A l'égard des actes plus anciens , les préposés pourront , sur ordonnance du juge , en requérir la lecture , en indiquant leur date et les noms des parties contractantes ; et s'ils en demandent des expéditions , elles leur seront délivrées , en payant 2 sous 6 deniers par chaque extrait ou rôle d'expédition , outre les frais du papier timbré. *Art. XIV du décret.*	

P

ARTICLES.			QUOTITÉ des DROITS et peines, fixés par les décret et tarif.
Suite de l'artic. **2.**	**OFFICIERS** PUBLICS; ce que les préposés sont en droit d'exiger d'eux.	Si un acte dont il n'y a pas de minute, ou un exploit, contenoit des renseignemens dont la trace pût être utile, le préposé auroit la faculté d'en tirer une copie, et de la faire certifier conforme à l'original par l'officier qui l'auroit présenté à la formalité; et sur le refus de l'officier, il s'en procureroit la collation en forme à ses frais, sauf répétition en cas de droit : le tout dans les vingt-quatre heures de la présentation de l'acte au bureau. *Art. XVII du décret.*	
3.	**OFFICIERS** PUBLICS,	Tels que { Notaires, Procureurs, Greffiers et Huissiers, ainsi que les juges et commissaires du Roi, } ne pourront à l'avenir être préposés à l'exercice du bureau pour l'enregistrement des actes. *Art. XV du décret.*	
4.	**OBLIGATIONS**	de sommes déterminées sans libéralité, et sans que l'obligation soit le prix de la transmission d'aucuns objets mobiliers ou immobiliers, doivent, à raison de la somme.................... *Art. 1er de la 3e section de la 1re. classe d tarif.*	15 sous par 100 liv.
5.	**OBLIGATION**	à la grosse aventure, et pour retour du voyage, doit.. *Art. 7 de la 1re sect. de la 1re. classe du tarif.*	5 sous par 100 liv.
6.	**OMISSION** de biens dans les déclarations des héritiers, légataires et donataires éventuels.	Il sera payé deux fois la somme du droit sur la valeur des objets omis...................... *Art. VI du décret.* Les contraventions de ce genre, de même que toute autre, seront prescrites après le laps de trois années. *Art. XVIII du décret.*	Double droit.
7.	**OPPOSITIONS**	payeront.................... *Art. 1er de la 4e section de la 3e classe du tar.*	20 sous fixes.
8.	**OPPOSITION** convertie en saisie.	Le jugement qui fait cette conversion, doit....... *5e. section de la 3e classe du tarif.*	40 sous fixes.
9.	**OPPOSITIONS** au bureau du conservateur des finances, ou d'hypothèques des offices.	Par l'art. VII d'un décret de l'assemblée nationale, du 28 novembre 1790, il a été dit que ces oppositions ne seront point assujetties au contrôle, et pourront être formées par tous les huissiers, exerçant auprès des tribunaux.	Exemptes de droits.

P

1er.	**PRESTATION** DE SERMENT - des receveurs du droit d'enregistrement.	Elle doit être faite au tribunal du district dans le ressort duquel le bureau sera placé. Cette prestation aura lieu sans autres frais que ceux du timbre de l'expédition qui en sera délivrée. *Art. XV du décret.*	

ARTICLES.	P			QUOTITÉ des DROITS et peines, fixés par les décret et tarif.
2.	**PRÉPOSÉS** OU RECEVEURS du droit d'enregistrement.	Ne peuvent sous aucun prétexte, pas même en cas de contravention, diférer l'enregistrement des actes dont les droits leur auront été payés, conformément au tarif. Ils ne pourront suspendre ou arrêter le cours des procédures en retenant aucuns actes ou exploits ; mais si un acte dont il n'y a pas de minute, ou un exploit, contenoit des renseignemens dont la trace pût être utile, le préposé auroit la faculté d'en tirer une copie, et de la faire certifier conforme à l'original, par l'officier qui l'auroit présenté ; et sur le refus de l'officier, il s'en procureroit la collation en forme, à ses frais, sauf répétition en cas de droit : le tout dans les vingt-quatre heures de la présentation au bureau. *Art. XVII du décret. Voyez l'art. 19 ci-après.*)		
2*bis.*	**PROPRIÉTÉ** d'immeubles réels ou fictifs, doit être enregistrée, qu'il y ait acte ou non.	Le titre par lequel cette propriété s'opère ou s'acquiert, doit être enregistré. *Art. II du décret.* Et s'il n'y a pas d'acte en forme ou sous seing-privé, *voyez à la lettre A, art. 15, et la lettre M, art. 8.*		
3.	**PROPRIÉTÉ** réunie à l'usufruit.	Lorsque des héritiers, légataires et donataires réuniront une propriété d'immeubles à un usufruit, à quelque titre que ce soit, le droit ne sera payé que sur l'estimation ou le prix de la propriété, déduction faite de l'usufruit. *Art. 8 de la 4e sect. de la 1re classe du tarif.*		
4.	**PROMESSE** DE PAYER,	contenant obligation de somme déterminée, sans libéralité, et sans que l'obligation soit le prix de la transmission d'aucuns objets mobiliers ou immobiliers, doit. *Art. 1er de la 3e. sect. de la 1re. classe du tarif.*		15 sous par 100 liv.
5.	**PROCÈS-VERBAUX** de	Ventes et adjudications	de biens-meubles, coupes de bois taillis et futaies, autres que ceux nationaux, et de tous autres objets mobiliers, soit que ces ventes soient faites à l'enchère, par autorité de justice ou autrement, à raison de tout ce qui en forme le prix.................... *Art. 2 de la 4e. section de la 1re. classe du tarif.*	20 sous par 100 liv.
6.	**PROCÈS-VERBAUX** de délits et contraventions aux règlemens généraux de police ou d'imposition.	Doivent être enregistrés, à peine de nullité, dans les quatre jours qui suivront celui de leur date, et avant qu'aucun huissier puisse en faire la signification ; et sera payé.................... Et dans le cas où la signification seroit faite par le procès-verbal, et dans le *même contexte*, il ne sera perçu que le droit fixé ci-dessus, tant pour le procès-verbal que pour la signification *à un seul* délinquant : et s'il y a plusieurs délinquans, les droits des significations faites au second et aux suivans, seront perçus, outre celui du procès-verbal, sur le pied chacun de.. *Art. 1er de la 2e sect. de la 3e classe du tarif.* Sans qu'on puisse cependant exiger plus de cinq droits sur un exploit ou procès-verbal fait dans un seul jour et pour le même fait. *Art. 2 de la 3e sect. de la 3e classe du tarif.*		10 sous fixes. 5 sous fixes. 4 droits au plus en sus de celui du procès-verbal.

ARTICLES.	**L**		QUOTITÉ des DROITS et peines, fixés par les décret et tarif.
7.	PROCÈS-VERBAUX autres que ceux désignés ci-dessus. ,	qui ne contiendront que des dispositions préparatoires et de pure formalité.................... *Art. 1er de la 4e. sect. de la 3e. classe du tarif.*	20 sous fixes.
8.	PROTESTATION.	Doit.......................... *Art. 1er de la 4e section de la 3e classe du tarif.*	20 sous fixes.
9.	PRISES DE POSSESSION,	Sans que néanmoins le droit puisse excéder ceux perçus pour les actes précédens auxquels elles auront rapport, doivent....................... *Art. 2 de la 4e sect. de la 3e classe du tarif.*	20 sous fixes.
10.	PROCURATIONS	Qui ne contiendront que des dispositions préparatoires et de pure formalité, doivent.......... *Art. 1er de la 4e sect. de la 3e classe du tar.*	20 sous fixes.
11.	PROMESSE de garder succession.	Non en directe, doit...................... *Art. 2 de la 2e classe du tarif.* En directe, il n'est dû que le demi-droit....... *Art. 4 de la 2e classe du tarif.*	À raison de la cotte d'habitation dans la contribution person. des contractans. Demi-droit.
12.	PROCÈS-VERBAUX et autres actes.	Faits et ordonnés par les corps municipaux et administratifs. *Voyez à la lettre C, art. 4.*	
13.	PUBLICATION judiciaire de donations.	Le jugement qui porte cette disposition, doit.... *5e section de la 2e classe du tarif.*	40 sous fixes.
14.	PREMIER ACTE.	Portant notification de recours au tribunal de cassation. *Art. 2 de la 3e sect. de la 3e classe du tarif.*	12 livres fixes.
15.	PASSEPORTS.	Délivrés par les officiers publics, sont exempts de droits.......................... *Art. XI du décret.*	Exempts de droits.
16.	PARTAGE	De biens mobiliers, doit (*)........... S'il y a soulte, il sera dû sur icelle......... (*) *Nota.* Si le partage a été précédé d'un inventaire en forme authentique, il sera fait déduction des droits jusqu'à concurrence des sommes payées lors de l'inventaire, pour raison des objets inventoriés qui entreront dans la masse du partage. *Art. 2 de la 2e sect. de la 1ere classe du tarif.* Par l'article V du décret, il est dit que pour les partages des biens-meubles et autres actes qui ne comporteront pas de prix, le droit d'enregistrement sera réglé pour les propriétés mobilières et les immeubles fictifs, d'après la déclaration estimative des parties; et pour les immeubles réels, d'après la déclaration que les parties seront tenues de faire de ce que ces immeubles payent de contribution foncière, et dans le rapport du principal au denier 25 du revenu desdits biens. *Voyez art. 13 de la lettre E.*	10 sous par 100 liv. 20 sous par 100 liv.
17.	PARTAGE entre co-propriétaires,	Des biens-immeubles réels ou fictifs, sans soulte ni retour, est dû...................... *Art. 1er de la 4e. sect. de la 3e. classe du tarif.* Et s'il y a soulte ou cession entre les copropriétaires, il sera dû à raison de ce qui sera transporté aux cessionnaires........................ *Art.* { *2 de la 2e. section* { *3 de la 4e. section* } *de la 1re cl. du tarif.*	20 sous fixes. 20 sous par 100 liv.

PARTAGES

ARTICLES			QUOTITÉ des DROITS et peines, fixés par les décret et tarif.
17.	PARTAGES sous signatures privées, contenant mutation d'immeubles réels ou fictifs.	Doivent recevoir la formalité de l'enregistrement, dans les six mois qui suivront le jour de leur date ; passé ce délai, s'ils sont produits en justice, ou énoncés dans un acte authentique, ils seront assujettis au payement du double droit.	Double droit.
18.	PRESCRIPTION de droits	Est acquise ; SAVOIR : Après une année expirée, à compter du jour de l'enregistrement, pour les supplémens de droits et les restitutions ; Après le laps de trois ans, pour les contraventions de toutes espèces ; Et après cinq ans, du jour de l'ouverture des droits résultans de successions directes ou collatérales, pour raison des biens-meubles et immeubles réels ou fictifs, échus en propriété ou en usufruit, par testamens, dons éventuels, ou autrement. *Art. XVIII du décret.*	
19.	PRÉPOSÉS ou EMPLOYÉS.	Ne peuvent faire aucunes visites domiciliaires ou recherches générales dans les dépôts des officiers publics. *Voyez ce qui est dit à ce sujet à la lettre V, art. 1er.*	
20.	PEINES encourues	Soit pour contraventions. soit pour négligences Relatives à la formalité et acquit du droit d'enregistrement, ou tenue de répertoire. *Voyez à ce sujet art. 66 de la lettre A.*	
21.	PATURAGES.	Pour les baux d'iceux, *Voyez à la lettre B, Art. 9.*	
22.	PAPIER TIMBRÉ.	Décret du 20 janvier 1791, qui porte, *article III*, qu'à compter du 1er février prochain, la distribution du papier timbré sera confiée aux commissaires nommés pour la régie des droits d'enregistrement.	

Q

1er.	QUITTANCES de rachat de droits féodaux.	Conformément à l'article LIV du décret de l'assemblée nationale, du 3 mai 1790, est dû........ *Art. 1er de la 3e sect. de la 3e classe du tarif.* (*Voyez art. 6 ci-après.*)	15 sous fixes.
2.	QUITTANCES ou libération	de sommes déterminées.................... *Art. 3 de la 1re. sect. de la 1re. cl. du tarif.*	5 sous par 100 liv.
3.	QUITTANCES de salaires de matelots, gens de mer et d'équipage,	Qui seront données aux armateurs, au retour de voyages, à raison d'un droit pour chaque quittance, sans égard aux sommes qui y seront désignées...... *Art. 2 de la 1re. sect. de la 3e cl. du tarif.*	5 sous fixes.
4.	QUITTANCES de remboursement de rentes,	Et tous autres actes de libération qui expriment des valeurs..................... *Art. 3 de la 1re. sect. de la 1re classe du tarif.* (*Voyez cependant art. 6 ci-après.*)	5 sous par 100 liv.

R.

ARTICLES.	R	QUOTITÉ des DROITS et peines, fixés par les décret et tarif.
5. **QUITTANCES** de remboursement d'offices par l'état.	Par un décret de l'assemblée nationale, du 28 novembre 1790, il est dit, *Art. XII*, que ces quittances seront données sur papier à un seul timbre, et ne pourront être assujetties au *contrôle*.	Dispensés de la formalité. de l'enregistrement.
6. **QUITTANCES** de rachat de rentes foncières.	Por un décret du 18 décembre 1790, additionnel à celui du 5 dudit mois, le droit d'enregistrement des quittances de rachat des rentes foncières, a été fixé à quinze sous, ci..........................	15 sous fixes.

R

1er. **RECEVEURS** du droit d'enregistrement.	Leur prestation de serment doit être faite au tribunal du district dans le ressort duquel le bureau se trouve placé, et sans autres frais que ceux du timbre de l'expédition qui en sera délivrée. *Art. XV du décret.*	
2. **RECEVEURS** du droit d'enregistrement.	Ne peuvent sous aucun prétexte, pas même en cas de contravention, différer l'enregistrement des actes dont les droits leur auront été payés conformément au tarif. Ils ne peuvent non plus suspendre ou arrêter le cours des procédures, en retenant aucuns actes ou exploits ; mais si un acte dont il n'y a pas de minute, ou un exploit, contenoit des renseignemens dont la trace pût être utile, le préposé auroit la faculté d'en tirer une copie et de la faire certifier conforme à l'original par l'officier qui l'auroit présenté, et sur le refus de l'officier, il s'en procurera la collation en forme à ses frais, sauf répétition en cas de droit : le tout dans les vingt-quatre heures de la présentation de l'acte au bureau. *Art. XVII du décret.*	
3. **RECEVEURS** du droit d'enregistrement.	Ne peuvent faire aucune visite domiciliaire ou recherches générales dans les dépôts des officiers publics. *V. ce qui est dit à ce sujet à l'art. 1er de la lettre V.*	
4. **RÉPERTOIRES** des notaires.	Tous les actes y doivent être portés jour par jour, même les actes en brevet et les testamens, et actes de dépôt d'iceux, à peine de 50 livres pour chaque omission. *Art. XIV du décret. (V. à la lettre N, art. 8.)* *Nota.* Par un décret du 20 janvier 1791, il est dit *article II*, que le 31 dudit mois, les notaires feront arrêter leurs répertoires par un officier du tribunal de district, ou par le juge de paix, ou bien par un des assesseurs ou des officiers municipaux ; que les préposés pourront compulser lesdits répertoires pour s'assurer de l'exécution de cette disposition.	50 liv. pour chaque omission.
5. **RÉPERTOIRES** des greffiers.	Il doit y être porté, jour par jour, tous les actes volontaires reçus par les greffiers, et ceux dont il résultera transmission de propriété ou de jouissance de biens immeubles : le tout à peine de 50 l. pour chaque omission. *Art. XIV du décret.*	50 liv. pour chaque omission.
6. **RÉPERTOIRES** des huissiers.	Ces officiers doivent y porter tous leurs actes et exploits, à peine de 10 liv. pour chaque omission..... *Art. XIV du décret.*	10 liv. pour chaque omission.

R

ARTICLES.		QUOTITÉ des droits et peines, fixés par les décrets et tarif.
7.	**RECHERCHES** et **VÉRIFICATIONS** générales dans les dépôts publics.	sont interdites aux préposés. *Voyez* cependant pour ce qu'ils peuvent exiger des officiers publics, ce qui est dit à la lettre V, art. Ier.
8.	**ROLES** DES CONTRIBUTIONS directes, personnelles, ou foncières.	La communication en doit être donnée aux préposés à la perception des droits d'enregistrement, soit par les collecteurs, soit par tous dépositaires desdits rôles, qui doivent même laisser prendre auxdits préposés des extraits d'iceux à toute réquisition sur papier libre, et les certifier sans frais. *Art. XX du décret.*
9.	**REFUS** par les parties contrac- tantes, de représenter ou faire déclaration du montant de leur cotte d'imposition.	Pour la conduite à tenir par le préposé, et le parti à prendre, *voyez à la lettre* C, art. 15.
10.	**RESTITUTION** de droits aux parties.	La demande et action en sera prescrite après le délai d'une année, à compter du jour de l'enregistrement. *Art. XVIII du décret.*
11.	**REVENTES** OU SUBROGATIONS	de biens nationaux. { *Voyez ce qui est dit à la lettre* V, art. 2.
12.	**RECONSTITUTIONS** de rentes dues par l'État.	qui seront faites au profit des acquéreurs de ces rentes par cessions ou transports, sera dû.............. *Art. 1er de la 4e sect. de la 1re classe du tarif.*	20 sous par 100 liv.
13.	**RENTES** dues par l'État.	Leur reconstitution faite au profit des acquéreurs, par cession ou transport, doit.............. *Art. 1er de la 4e sect. de la 1re cl. du tarif.*	20 sous par 100 liv.
14.	**RENTES** perpétuelles ou viagères sur particuliers.	Les contrats de constitution de ces rentes, doivent. *Art. 1er de la 4e sect. de la 1re cl. du tarif.*	20 sous par 100 liv.
15.	**RACHAT** de droits féodaux.	Les quittances qui seront données à ce sujet, conformément à l'art. LIV du décret de l'assemblée nationale, du 3 mai 1790, ne devront que.............. *Art. 1er de la 3e sect. de la 3e cl. du tarif.* (*Voyez cependant art.* 35 ci-après.)	15 sous fixes.
16.	**REMBOURSEMENT** de rentes,	et tous autres actes de délibération qui expriment des valeurs, doivent.............. *Art. 3 de la 1re sect. de la 1re classe du tarif.* (*Voyez cependant*, art. 35 ci-après.)	5 sous par 100 liv.
17.	**RETRAITS** de réméré ou conventionnels.	Lorsqu'ils sont exercés dans le délai stipulé, non excédant 12 années, est dû.............. *Art. 3 de la 1re sect. de la 1re classe du tarif.* (*Voyez l'art. ci-après.*)	5 sous par 100 liv.
18.	**RENVOI** ou rentrée en possession par contrats ou jugemens,	de biens-immeubles, faute de payement de la rente ou d'exécution des classes du premier contrat, ou en vertu de retraits conventionnels, est dû.............. Mais dans le cas où le contrat antérieur auroit été jugé radicalement nul, comme dans celui où il n'auroit pas été exécuté, soit par l'entrée effective de l'acquéreur en jouissance, soit par le payement du tout ou partie du prix, il ne seroit dû que.............. *Art. 7 de la 4e sect. de la 1re cl. du tarif.* (*Voyez l'art. 17 ci-dessus.*)	20 sous par 100 liv. / 20 sous fixes.

ARTICLES.	R		QUOTITÉ des DROITS et peines, fixés par les décret et tarif.
19.	RÉTROCESSION D'IMMEUBLES.	En propriété, doit.......................... *Art. 1er de la 6e sect. de la 1re cl. du tarif.*	40 sous par 100 liv.
20.	RÉUNION de la propriété à l'usufruit.	A quelque titre que ce soit, les droits ne seront payés que sur l'estimation ou prix de la nue propriété, déduction faite de l'usufruit. *Art. 8 de la 4e sect. de la 1re classe du tarif.*	
20 bis.	RÉUNION de l'usufruit à la propriété.	Si le droit a été acquitté lors de la mutation de propriété sur la valeur entière de l'immeuble, il ne sera dû aucun nouveau droit pour la réunion de l'usufruit. *Art 2 de la 6e sect. de la 1re cl. du tarif.*	Dispensé de droits.
		Mais si la réunion s'opère par acte, dans la supposition aussi que le droit aura été acquitté en entier lors de la mutation de propriété, il ne seroit dû pour l'acte qui opéreroit la réunion de l'usufruit à la propriété, que.... *Art. 4 de la 4e section de la 1re classe du tarif.*	20 sous fixes.
21.	RETOURS ou SOULTES;	Par échange { d'immeubles, doivent.......... *Art. 5 de la 4e section de la 1re classe du tarif.*	40 sous par 100 liv.
		Par partage, { soit de meubles................. soit d'immeubles doivent........ *Art. 2 de la 2e sect. et 3 de la 4e sect. de la 1re classe du tarif.*	20 sous par 100 liv. 20 sous par 100 liv.
22.	REPRISES, RETENTION, et autres avantages.	accordés en propriété par contrat de mariage ou autrement, au survivant des époux, de tous biens immobiliers, capitaux de rentes, pensions, sommes et objets mobiliers à eux échus à titre gratuit, sera dû, dans les six mois après l'époque où ces avantages auront leur effet............................. *Art. 9 de la 4e. sect. de la 1re. classe du tarif.*	20 sous par 100 liv.
		Si les immeubles n'étoient donnés qu'en usufruit au survivant des époux, il ne seroit dû que. *Art. 6 de la 2e. sect. de la 1er. classe du tarif.*	10 sous par 100 liv.
23.	RAPPELS à succession.	Non en directe, le droit est dû.................. *Art. 2 de la 2e classe du tarif.*	A raison de la cotte d'habitation dans la contribution personnelle des contractans.
		Et en directe il n'est dû que le demi-droit, fixé ci-dessus.......................... *Art. 4 de la 2e. classe du tarif.*	Demi-droit.
24.	RENONCIATIONS à legs ou dons.	Doivent être faites à temps utile et par acte en forme. *Art. 1er. de la 5e. sect. de la 1re. classe du tarif.* Pour lesdites renonciations il est dû, à raison d'un droit pour chaque legs............... *Art. 1er. de la 4e. sect. de la 3e classe du tarif.*	20 sous fixes.
25.	RENONCIATION à successions ou communautés.	A raison d'un droit pour chaque succession, est dû. *Art. 1er. de la 4e sect. de la 3e classe du tarif.*	20 sous fixes.
26.	RECONNOISSANCE de bestiaux.	D'après l'évaluation qui se trouvera dans l'acte, ou à défaut, d'après l'estimation qui sera faites des bestiaux. *Art. 9 de la 1re. sect. de la 1re. cl. du tarif.*	5 sous par 100 liv.
27.	RECONNOISSANCES ou connoissemens	De chargemens par mer, à raison d'un droit par chaque personne à qui les envois sont adressés....... *Art. 2 de la 2e. sect. de la 3e classe du tarif.*	10 sous fixes.

ARTICLES.		R	QUOTITÉ des DROITS et peines fixés par les décret et tarif.
28.	RECONNOISSANCES ou titres - nouvels	de rentes, par actes ou jugemens, doivent......... Sans que néanmoins le droit puisse excéder ceux perçus sur les actes précédens auxquels ils auront rapport. *Art. 2 de la 4e. sect. de la 3e. classe du tarif.*	20 sous fixes.
29.	RECONNOISSANCE et apposition	de scellés : pour chaque vacation, est dû......... 5e. sect. de la 3e. classe du tarif.	40 sous fixes.
30.	RECONNOISSANCE ou maintien	D'hypothèque, en justice, doit.............. 5e section de la 3e. classe du tarif.	40 ... s fixes.
31.	RÉSILIEMENT	De marchés, et de toutes espèces de conventions, avant que leur exécution ait été entamée........... MÊME, De contrats de ventes d'immeubles avant que l'acquéreur soit entré en jouissance, ou payement du prix de l'acquisition.............. *Art. 1er de la 4e. sect. de la 3e. classe du tarif.* (*Voyez à la lettre* D, art. 25.)	20 sous fixes.
32.	RECOURS au tribunal de cassation.	Le premier acte portant notification de ce recours, devra.................... Ainsi que les expéditions des jugemens de cette cour. *Art. 2 de la 8e sect. de la 3e classe du tarif.*	12 livres fixes. 12 livres fixes.
33.	REGISTRES de	Baptêmes...... Mariages...... Sépultures..... Et les livres des marchands, concernant leur commerce, lorsqu'ils ne contiendront point d'obligations. / Les extraits d'iceux sont dispensés de l'enregistrement... *Art. XI du décret.*	Dispensées de l'enregistrement.
34.	RECOUVREMENT d'impôts directs ou indirects et même locaux, ou de peines pécuniaires.	*Voyez*, pour les droits à percevoir sur les exploits, *à la lettre* E, art. 32, 34 et 35 ; et pour ceux exigibles sur les jugemens, *voyez à la lettre* J, art. 5, 7 et 9.	
35.	RACHAT de rentes foncières.	Décret du 18 décembre 1790, additionnel à celui du 5 dudit mois, qui fixe à 15 sous le droit d'enregistrement des quittances ou actes de rachat des rentes foncières.	15 sous fixes.
36.	RECONNOISSANCES de droits seigneuriaux et féodaux.	Décret du 28 mars 1790, sanctionné le 26 avril suivant, qui porte, *article VI*, qu'en attendant qu'il ait été statué sur les droits de contrôle, il ne sera perçu pour les actes ci-contre, de plus forts droits de contrôle, que ceux auxquels étoient soumis les déclarations à terrier, et autres actes abolis par l'article V du même décret.	
37.	REGISTRES de la partie des domaines et contrôles, doivent être clos et arrêtés par un officier public, au 31 janvier 1791.	Décret du 20 janvier 1791, qui porte, art. Ier., que tous les préposés de la régie des domaines et contrôles, feront clorre et arrêter le 31 dudit mois leurs registres ; savoir, dans les villes où sont établis des tribunaux de district par l'un des officiers dudit siège, et dans les autres villes ou communautés, par le juge de paix du canton ou par un des assesseurs, ou à défaut, par les officiers municipaux ; et néanmoins que *pour les actes antérieurs et authentiques*, il ne sera perçu que le droit ancien.	

ARTICLES.	S	QUOTITÉ des DROITS et peines, fixés par les décret et tarif.

1er.	**SUPPLÉMENT** de droit sur un acte ou contrat.	La demande et action tendante à un supplément de droit sur un acte ou contrat, sera prescrite après le délai d'une année, à compter du jour de l'enregistrement, les parties auront le même délai pour se pourvoir en restitution. Toute contravention pour omission ou insuffisance d'évaluation dans les déclarations des héritiers, légataires et donataires éventuels, sera pareillement prescrite après le laps de trois années. Enfin toute demande de droits résultant de successions directes ou collatérales, pour raison de biens-meubles ou immeubles, réels ou fictifs, échus en propriété ou en usufruit, par testament, dons éventuels ou autrement, sera prescrite après le laps de cinq années, à compter du jour de l'ouverture des droits. *Art. XVIII du décret.*	
2.	**SUBROGATIONS ou REVENTES**	de biens nationaux. *Voyez à la lettre V, art. 2.*	
3.	**SOCIÉTÉS** mobiliaires	d'objets désignés et susceptibles d'évaluation. *Art. 7 de la 2e sect. de la 1re classe du tarif.*	10 sous par 100 liv.
		d'objets non susceptibles d'être évalués, ainsi que les actes qui en stipulent la dissolution. *Art. 2 de la 7e sect. de la 3e classe du tarif.*	6 livres fixes.
4. et 5.	**SENTENCES** arbitrales,	Qui contiendront obligations de sommes déterminées, sans libéralité et sans que l'obligation soit le prix de la transmission d'aucuns objets mobiliers ou immobiliers. *Art. 1er de la 3e sect. de la 1re classe du tar.*	15 sous par 100 liv.
6.	**SUCCESSION.**	Promesse de garder succession, non en directe, doit. *Art. 2 de la 2e classe du tarif.*	A raison de la cotte d'habitation dans la contribution personnelle des contractans.
		en directe, n'est dû que le demi-droit. *Art. 4 de la 2e classe du tarif.*	Demi-droit.
7.	**SUCCESSION.**	La renonciation ou abstention. à icelle, à raison d'un droit pour chaque succession. *Art. 1er de la 4e sect. de la 3e classe du tarif.*	20 sous fixes.
8.	**SÉPARATION** de biens entre maris et femmes.	Par acte ou jugement doit. Sauf cependant à percevoir sur le montant des condamnations et liquidations, dans le cas où celles prononcées par les jugemens et actes donneroient ouverture à de plus grands droits. *Art. 1er de la 8e section de la 3e classe du tarif.* (*Voyez au surplus à la lettre J, art. 6.*)	12 livres fixes.
9.	**SOULTE** ou retour,	Par échange d'immeubles, doit. *Art. 5 de la 3e sect. de la 1re classe du tarif.*	40 sous par 100 liv.
		Par partage, soit sur le mobilier. soit sur les immeubles. *Art. 2 de la 2e sect. et art. 3 de la 4e section de la 1re classe du tarif.*	20 sous par 100 liv.

		S		QUOTITÉ des DROITS et peines, fixés par les décret et tarif.
ARTICLES.				

0.	SUBSTITUTIONS par actes entre-vifs ou à cause de mort.	A raison d'un droit seulement pour celles faites par une personne par le même acte. Si la substitution porte sur des objets indéterminés, le droit sera perçu sur le pied réglé par la 2e classe du tarif............ Et si la substitution est de biens désignés susceptibles d'évaluation, qui donneront ouverture à un moindre droit, en le réglant sur le pied des valeurs, tel qu'il est fixé par la 4e section de la 1re classe, il sera alors liquidé sur ce pied. *Art. 3 de la 2e classe du tarif.* *Nota.* Lorsque les substitutions seront *en directe*, il ne sera perçu que le demi droit.............. *Art. 4 de la 2e classe du tarif.*	A raison de la cotte d'habitation dans la contribution personnelle des contractans. Demi-droit.
1.	SOMMATIONS RESPECTUEUSES.	Quel que soit l'officier public qui en fera la notification, sera dû........................ Excepté celles faites par huissiers, qui ne devront que. *Art. 1er de la 4e. sect. de la 3e. classe du tarif.*	20 sous fixes. 15 sous fixes.
2.	SOUMISSION et EXÉCUTION	de jugement.................... 5e. *section de la 3e. classe du tarif.*	40 sous fixes.
3.	SIMPLES	décharges, consentemens ou déclarations, / doivent............. *Art. 1er de la 4e sect. de la 3e classe du tarif.*	20 sous fixes.
4.	SIGNIFICATIONS et DÉCLARATIONS	d'appel / au tribunal de district, des sentences rendues par les juges de paix....... *Art. 3 de la 6e section de la 3e classe du tarif.* des sentences rendues par les tribunaux...................... *Art. 3 de la 7e. section de la 3e. classe du tarif.*	3 livres fixes. 6 livres fixes.
5.	SIGNIFICATIONS ou exploits quelconques à la requête du ministère public.	S'il n'y a point partie civile, il n'est rien dû........ *Voyez art. 33 de la lettre E.*	Dispensés de droits.
6.	SIGNIFICATIONS ou exploits quelconques à la requête de particuliers.	*Voyez à la lettre E, art. 31.............*	15 sous fixes et 5 droits au plus.
7.	SIGNIFICATIONS ou exploits quelconques pour impôts, police et contraventions.	*Voyez à la lettre E, art. 32.............*	5 sous fixes et 5 droits au plus.

ARTICLES.			QUOTITÉ des droits et peines, fixés pa les décret et tarif

T

| 18. | SIGNIFICATIONS de procès-verbaux de délits et contraventions aux règlemens généraux de police ou d'imposition. | A raison d'un droit pour chaque délinquant, est dû. *Art. 1er de la 2e section de la 3e classe du tar.* (*Voyez cependant à la lettre E, art. 34 et 35.*) | 5 sous fixes et 5 droits au plus. |
| 19. | SIGNIFICATIONS ou EXPLOITS, | faits entre les défenseurs des parties, est dû........ *Art. 3 de la 1ere. sect. de la 3e. classe du tarif.* | 5 sous fixes. |

T

1er.	TRIBUNAL de cassation.	Le premier acte portant notification de recours au tribunal de cassation, doit.................. Les expéditions des jugemens de cette cour, doivent également...................... *Art. 2 de la 8e sect. de la 3e classe du tarif.*	12 livres fixes. 12 livres fixes.
2.	TRANSMISSION ou TRANSLATION	de propriété ou d'usufruit — d'immeubles réels ou fictifs, qu'elle s'opère par acte ou non. *Voyez aux lettres* A, art. 4 et 14. D, art. 4, 6 et 9. M, art. 8.	
3.	TESTAMENS non enregistrés, et dont les testateurs seront décédés.	Doivent être présentés trois mois au plus tard après le décès des testateurs. *Art. VIII du décret.*	
4.	TESTAMENS reçus par notaires, ou déposés dans leurs études, et les actes de dépôt.	Doivent être portés jour par jour, de même que les autres actes sur leurs répertoires, à peine de 50 liv. pour chaque omission..................... *Art. XIV du décret.* (*Voyez au surplus à la lettre N, art. 8.*)	50 liv. pour chaqu omission.
5.	TESTAMENS.	Contenant dons ou legs de sommes déterminées et de valeurs mobiliaires, désignées et susceptibles d'estimation. SAVOIR: Doivent sur la valeur de chaque legs; en directe; *Art. 13 de la 1re. sect. de la 1re classe du tarif.* de maris et femmes, *Art. 9 de la 4e sect. de la 1re classe du tarif.* et dans tout autre cas........... *Art. 2 de la 5e sect. de la 1re cl. du tar.* (*Voyez les deux articles ci-après, sur-tout l'art. 7 pour ce qui concerne les legs particuliers.*)	5 sous par 100 liv. 20 sous par 100 liv 30 sous par 100 liv
6.	TESTAMENS et actes de dernière volonté.	S'il y en a plusieurs faits par la même personne, les droits sur le pied de la contribution personnelle, lorsqu'il y aura lieu, ne seront perçus que sur l'un de ces actes, et le droit de chacun des autres ne sera que de 20 sous fixes, non en directe.. Et en ligne directe ne sera dû que........... *Art. 1er et 4 de la 2e classe du tarif.*	20 sous fixes. Demi-droit.

TESTAMENS

ARTICLE.	T	QUOTITÉ des droits et peines, fixés par les décret et tarif.

7. TESTAMENS et autres actes de dernière volonté,

Contenant {
Institution d'héritier,
Legs universel de biens-meubles et immeubles, sans transmission ni acceptation,
Substitutions et exhérédations,
Sans que le droit puisse être moindre cependant, de trente sous, ci..........
}

A raison d'un seul droit pour chaque testateur ou instituant, en quelque nombre que soient les légataires, par un même acte. — Sur le pied du 15ᵉ du revenu, calculé sur la cotte d'habitation de la contribution personnelle des contractans.

30 sous au moins.

Si ces dispositions sont faites en ligne directe, il ne sera dû que demi-droit.................... — Moitié du droit.

Nota. *Seront réputés legs universels*, ceux qui s'étendront sur la totalité des biens du testateur, meubles ou immeubles, ou sur un genre de biens propres, acquêts ou conquêts.
Seront réputés legs particuliers et sujets aux droits, aux termes de la première classe du tarif, sur les déclarations estimatives, ceux qui comprendront des objets mobiliers désignés par leur espèce ou leur situation, quand même la consistance ou la quantité n'en seroient pas déterminées ; tels que legs de la totalité des livres, linges et habits, armes, ustensiles du testateur, des meubles garnissant une chambre ou une maison, et autres semblables.
Art. 1, 3, 4 et 6 de la 2ᵉ classe du tarif.

8. TRAITÉS de MARIAGE,

Passés sous signatures privées, qui seront présentés à l'enregistrement dans le délai de six mois après leur date, dans les pays où ils sont autorisés par les usages, loix et coutumes ; et ceux qui seront passés devant notaires après la célébration, à raison des sommes, biens et objets qui seront énoncés comme appartenans aux conjoints, ou qui leur seront constitués en ligne directe, payeront ...... — 15 sous par 100 liv.
Art. 4 de la 3ᵉ section de la 1ʳᵉ classe du tarif.
Et pour ce qui leur sera constitué ou donné par des parens collatéraux ou étrangers, il sera dû à raison de la valeur des objets donnés.......... — 20 sous par 100 liv.
Art. 1ᵉʳ de la 2ᵉ sect. de la 1ʳᵉ classe du tarif.
Mais s'il s'agit de dispositions éventuelles, *voyez la lettre C, art.* 11 et 12.

9. TRAITÉS de mariage sous signatures privées.

Ne pourront recevoir la formalité de l'enregistrement, après les six mois du jour de leur date, qu'en payant deux fois la somme des droits.............. — Deux fois la somme des droits.
Art. XI du décret.
(*Voyez l'art.* 8 ci-dessus et la lettre A, art. 15.)

10. TRANSACTIONS entre CO-PROPRIÉTAIRES.

qui contiendront partage, licitation, cession et transport de biens-immeubles réels ou fictifs, à raison du prix de ce qui sera transporté aux cessionnaires..... — 20 sous par 100 liv.
Art. 3 de la 4ᵉ sect. de la 1ᵉʳᵉ classe du tarif.

11. TITRES-NOUVELS

payeront.............................. — 20 sous fixes.
Sans que néanmoins le droit puisse excéder ceux perçus sur les actes précédens auxquels ils auront rapport.
Art. 2 de la 4ᵉ section de la 3ᵉ classe du tarif.

S

ARTICLES.	V		QUOTITÉ des DROITS et peines, fixés par les décret et tarif.
12.	**TRANSACTIONS** des bureaux de paix, et JUGEMENS des juges de paix,	qui contiendront transmission de biens - immeubles, réels ou fictifs, seront enregistrés sur les minutes dans le délai d'un mois, au bureau près de la justice du greffier. *Art. X du décret.* (*Voyez au surplus à la lettre J, art. 3.*)	
13.	**TRANSACTIONS** en matière criminelle,	Pour excès, injures et mauvais traitemens, lorsqu'elles ne contiendront aucune stipulation de dommages-intérêts, ou de dépens liquidés, qui donneroient lieu à des droits proportionnels plus considérables, sera dû... *Art. 1ᵉʳ de la 6ᵉ sect. de la 3ᵉ classe du tarif.* (*Voyez art. 16 ci-après.*)	3 livres fixes.
14.	**TUTEURS** et CURATEURS.	Leur nomination par acte ou jugement, doit..... 5ᵉ. *section de la 3ᵉ. classe du tarif.*	40 sous fixes.
15.	**TESTAMENS** et TRANSACTIONS.	en faveur des { Hôpitaux....... Écoles d'éducation et d'instruction, et autres établissemens publics de bienfaisance. } Il n'est dû par ces établissemens, que moitié des droits fixés par les diverses sections des trois classes du tarif. *Voyez au surplus à la lettre H, art. 9.*	Moitié des droits ordinaires.
16.	**TRANSACTIONS** en matière civile,	Qui contiendront obligation de sommes déterminées sans libéralité et sans que l'obligation soit le prix de la transmission d'aucuns objets mobiliers ou immobiliers, est dû................. *Art. 1ᵉʳ de la 3ᵉ section de la 1ʳᵉ. classe du tarif.* (*Voyez les articles 10, 12 et 13 ci-dessus et de l'autre part.*)	5 sous par 100 liv.
17.	**TRAITÉS** et SOCIÉTÉS,	Composés de sommes déterminées, et d'objets mobiliers désignés, et susceptibles d'évaluation; est dû.... *Art. 7 de la 2ᵉ sect. de la 1ʳᵉ. classe du tarif.* Et pour ceux de ces actes qui ne sont pas susceptibles d'évaluation, est dû..................... De même que pour les actes qui en opèrent la dissolution................... *Art. 2 de la 7ᵉ sect. de la 3ᵉ classe du tarif.*	10 sous par 100 liv. 6 livres fixes. 6 livres fixes.
18.	**TRIPLE DROIT**	N'est exigible que sur les contre - lettres...... (*Voyez à la lettre C, art. 3.*)	Triple droit.

V

ARTICLES.			
1ᵉʳ.	**VISITES** DOMICILIAIRES, et vérifications et recherches générales	dans les dépôts des officiers publics,	Sont interdites aux préposés, ils ne peuvent que demander l'exhibition des répertoires, et la communication seulement des actes passés dans l'année antérieure, à compter du jour où cette communication sera demandée. A l'égard des actes plus anciens, les préposés ne pourront en requérir la lecture, qu'en indiquant leurs dates et les noms des parties contractantes, et sur ordonnance de juge; et s'ils en demandent des expéditions, elles leur seront délivrées, en payant 2 sous 6 den. par chaque extrait ou rôle d'expédition, outre les frais de papier timbré. *Art. XIV du décret.*

ARTICLES.	V	QUOTITÉ des DROITS et peines, fixés par les décret et tarif.
2.	**VENTES** ET ADJUDICATIONS, ainsi que les reventes, subrogations, etc. et emprunts, } concernant l'aliénation des biens nationaux. { Toutes les acquisitions de domaines nationaux, faites par les municipalités, les ventes, reventes, adjudications et subrogations qu'elles en feront, ensemble les actes d'emprunts de deniers pour parvenir auxdites acquisitions, avec affectation de privilége sur lesdits fonds, soit de la part des municipalités, soit de la part des particuliers, en faisant d'ailleurs la preuve de l'emploi réel et effectif des deniers en acquisition de fonds nationaux, ainsi que les quittances relatives au payement du prix des acquisitions, seront enregistrés sans être assujettis à autres droits que celui de 15ˢ; et ce, pendant les quinze années accordées par le décret du 14 mai 1790.... Toutes les acquisitions des mêmes domaines faites par des particuliers, les ventes et cessions qu'ils en feront, et les actes d'emprunts faits pour les causes et aux conditions portées ci-dessus, ne seront pareillement assujetties qu'au droit d'enregistrement de 15 sous pendant les cinq années accordées par le décret des 25, 26 et 29 juin 1790, ci................... *Titre des Exceptions porté à la suite du tarif du 5 décembre 1790.*	15 sous fixes pendant 15 ans.

15 sous fixes pendant 15 ans. |
| 3. | **VENTES** et ADJUDICATIONS } Des coupes de bois nationaux, taillis ou futaies, à raison de ce qui en forme le prix................ *Art. 5 de la 1ʳᵉ sect. de la 1ʳᵉ classe du tarif.* | 5 sous par 100 liv. |
| 4. | **VENTES** cessions ou adjudications. { De biens-meubles, Coupes de bois autres que ceux nationaux, Et de tous autres objets mobiliers, } Taillis ou futaies, { Soit que ces ventes soient faites à l'enchère, par autorité de justice ou autrement, à raison de tout ce qui en formera le prix et les charges.................. *Art. 2 de la 4ᵉ sect. de la 1ᵉʳᵉ classe du tarif.* | 20 sous par 100 liv. |
| 5 et 6. | **VENTE,** cession ou abandon { en directe, hors contrat de mariage, { De biens meubles ou immeubles, { Donnés, cédés ou abandonnés gratuitement, par acte entre-vifs, en usufruit............... *Art. 5 de la 2ᵉ sect. de la 1ʳᵉ classe du tarif.* Vendus, cédés ou donnés en propriété..... *Art. 4 de la 4ᵉ. sect. de la 1ʳᵉ cl. du tarif.* | 10 sous par 100 liv.

20 sous par 100 liv. |
| 7. | **VENTE** ou CESSION } Non en directe, { D'usufruit d'immeubles réels ou fictifs; à raison du prix stipulé, est dû........ *Art. 8 de la 4ᵉ sect. de la 1ʳᵉ classe du tarif.* (*Voyez art. 9 ci-après.*) | 40 sous par 100 liv. |

ARTICLES.	V				QUOTITÉ des DROITS et peines fixés par les décret et tarif.
8.	VENTE	Non en directe,	De la propriété d'immeubles réels ou fictifs, à raison du prix et des charges....		40 sous par 100 liv.
			s'il y a des meubles qui y soient compris, et qu'il n'y ait pas de prix ou estimation distinct, le droit sera perceptible sur le même pied que les immeubles ; dans le cas contraire, le droit à raison du prix ou estimation du mobilier, sera de........		20 sous par 100 liv.
			Art. 1er et 2 de la 6e. sect. de la 1re. classe du tarif.		
9.	VENTES D'IMMEUBLES, avec réserve de l'usufruit,	Non en directe,	Le droit sera acquitté sur la valeur entière de l'objet vendu, sur le pied de....		40 sous par 100 liv.
			Mais il ne sera dû aucun nouveau droit pour la réunion faite ensuite de l'usufruit à la propriété.		
			Art. 2 de la 6e. sect. de la 1ere. classe du tarif.		
			Cependant si cette réunion s'opéroit par acte, il seroit dû pour cet acte un droit simple de...............		20 sous fixes.
			Art. 4 de la 4e sect. de la 3e classe du tarif.		
10.	VENTES et autres actes,	en faveur des	Hôpitaux, Écoles, d'instruction et d'éducation, et autres établissemens publics de bienfaisance.	Ces établissemens ne doivent que moitié des droits fixés par les trois classes du tarif. *V. à la lettre H. art. 9.*	Moitié des droits ordinaires.
11.	USUFRUIT D'IMMEUBLES réels ou fictifs,	En directe,	échu par succession, legs ou donation éventuelle, doit.....................		2s 6d par 100 liv.
			Art. 12 de la 1re sect. de la 1re. classe du tarif.		
			Voyez à la lettre D, art. 19.		
			En tout autre cas. *Voyez à la lettre D, art. 21 et 22, et ci-après, art. 13.*		
12.	USUFRUIT D'IMMEUBLES réels ou fictifs, réuni à la propriété.		Cette réunion n'opère aucun droit, lorsque celui d'enregistrement a été acquitté sur la valeur entière du titre de propriété.		
			Art. 12 de la ...e section de la 1re classe du tarif.		
			Cependant si cette réunion s'opéroit par acte, il seroit dû pour cet acte un droit simple de...............		20 sous fixes.
			Art. 4 de la 4e section de la 3e classe du tarif.		
13.	UNION et DIRECTION		de créanciers. Le contrat ou acte qui renferme ces dispositions, doit..............................		6 livres fixes.
			Art. 1er de la 7e sect. de la 3e classe du tarif.		
14.	USUFRUIT de biens IMMOBILIERS,		recueilli par des époux survivans, à titre de donation, droit de viduité ou de tous autres avantages usufruitiers, accordés, soit par les loix et coutumes, soit en vertu des clauses insérées dans leurs contrats de mariage, par dons mutuels ou par testamens. Le droit résultant de la déclaration qui en sera faite, sera payé sur la valeur entière des biens sujets à l'usufruit, à raison de......		10 sous par 100 liv.
			Art. 6 de la 2e section de la 1re classe du tarif.		
			Mais si par la suite ils réunissent la propriété à l'usufruit, à quelque titre que ce soit, les droits ne seront payés que sur l'estimation ou le prix de la propriété, déduction faite de l'usufruit.		
			Art. 8 de la 4e section de la 1re classe du tarif.		

F I N.

L O I portant que les percepteurs enverront au receveur de l'agence de l'enregistrement, l'avis et la mention de la somme dûe pour les contributions des biens appartenans à la République.

B. Nº. 15.

D. 67.

Du 13 Messidor, l'an deuxième de la République française, une et indivisible.

L A C O N V E N T I O N N A T I O N A L E, après avoir entendu le rapport du comité des finances, décrète :

A R T I C L E   P R E M I E R.

Les percepteurs des contributions enverront l'avis et la mention de la somme dûe pour les contributions des biens appartenant à la République, au receveur de l'agence de l'enregistrement, qui certifiera que la nation est en possession de ces biens.

II. Ces certificats, visés par les municipalités et par les directoires de district, seront reçus comme comptant par les percepteurs, les receveurs de district et la trésorerie nationale.

III. Lorsque la contribution portera sur des biens séquestrés ou confisqués, le receveur de l'agence se chargera en recette, sur son compte général, de la somme portée aux certificats, et il en portera le montant en dépense au compte du séquestre desdits biens.

IV. Aucune remise ni taxation ne sera allouée aux receveurs ou percepteurs sur ces recettes fictives.

V. Les administrations de département et de district et les municipalités qui auront à réclamer le paiement des sous additionnels imposés sur lesdits biens, en feront certifier l'état et le montant par l'agence de l'enregistrement ; ils l'adresseront aux directoires de département, qui en feront passer un état général à la commission des revenus nationaux, qui en ordonnera le payement dans les caisses de district.

Visé par l'inspecteur. Signé S. E. MONNEL.

Collationné à l'original, par nous président et secrétaires de la convention nationale. A Paris, le 14 Messidor, an second de la République française, une et indivisible. *Signé* BRÉARD, *ex-président ;* CAMBACÉRÈS et MICHAUD, *secrétaires.*

B. N°. 15.

D. 68.

L O I portant que les drapeaux pris à Ypres, seront suspendus à la voûte de la salle de la liberté; et que les bâtimens connus sous le nom de barrières de Paris, sont érigés en monumens publics.

Du 13 Messidor, l'an deuxième de la République française, une et indivisible.

LA Convention nationale décrète :

ARTICLE PREMIER.

Les drapeaux pris à Ypres sur les brigands coalisés, seront suspendus à la voûte de la liberté, comme un trophée du courage des républicains.

II. Marc Ancogne, soldat du premier bataillon du soixante-onzième régiment d'infanterie, recevra les honneurs de la séance et l'accolade fraternelle du président de la Convention.

Son nom et son action seront inscrits honorablement dans le procès-verbal de la séance, et insérés au bulletin de la Convention.

III. Le comité de salut public est autorisé à récompenser l'action de Marc Ancogne; il est chargé de présenter, dans le plus court délai, un nouveau mode d'avancement qui puisse donner au gouvernement le moyen de récompenser les actions de courage et de bravoure.

IV. Les bâtimens nationaux désignés vulgairement sous le nom de *barrières de Paris*, sont érigés en monumens publics; les diverses époques de la révolution et les victoires remportées par les armées de la République sur les tyrans, y seront gravées incessamment en caractères de bronze.

V. Le comité de salut public est autorisé à prendre toutes les mesures pour la prompte exécution du présent décret, en invitant les gens de lettres et les artistes à concourir à cette décoration civique, et à former les inscriptions.

Visé par l'inspecteur. Signé S. E. MONNEL.

Collationné à l'original, par nous président et secrétaires de la Convention nationale. A Paris, le 14 Messidor, an second de le République française, une et indivisible. *Signé* BRÉARD, *ex-président;* BURDAS et BRIEZ, *secrétaires.*

LOI qui ordonne le versement à la trésorerie nationale, des B. Nº. 15.
fonds provenant de la vente des quarts de réserve des bois ap-
partenant aux communes.

D. 69.

Du 13 Messidor, l'an deuxième de la république française, une et indivisible.

LA Convention nationale, après avoir entendu le rapport du comité des finances, décrète :

ARTICLE PREMIER.

Les commissaires de la trésorerie veilleront à ce que les receveurs de district versent, sans délai, à la trésorerie nationale tous les fonds provenant de la vente des quarts de réserve des bois appartenant aux communes.

II. Ils feront déposer ces fonds dans la caisse des dépôts et consignations, pour être employés, au fur et à mesure des besoins, au paiement des dépenses légalement autorisées, qui seront ordonnées sur lesdits fonds, et jusqu'à concurrence des sommes déposées, sauf la déduction du droit de garde.

III. Les paiemens de ces dépenses seront faits par les receveurs de district ; les commissaires de la trésorerie veilleront à ce que les caisses soient suffisamment garnies, pour les acquitter lors des besoins

Visé par l'inspecteur. Signé *S. E.* MONNEL.

Collationné à l'original, par nous président et secrétaires de la Convention nationale. A Paris, le 14 Messidor, an second de la République française, une et indivisible. *Signé* BRÉARD, *ex-président ;* CAMBACÉRÈS et MICHAUD, secrétaires.

LOI qui assujétit au paiement du droit proportionnel les do- B. Nº. 16.
maines nationaux vendus qui se trouveraient dans une succes-
sion, donation, etc.

D. 71.

Du 13 Messidor, l'an deuxième de la République française, une et indivisible.

LA Convention nationale, après avoir entendu le rapport du comité des finances, décrète :

ARTICLE PREMIER.

Les domaines nationaux vendus qui se trouvent dans une succession, donation, legs, seront assujétis au paiement du droit proportionnel, conformément à la loi du 5 décembre 1790, et au tarif y annexé.

II. Les ventes, reventes et autres cessions de ces biens recueillis à titre de succession, donation, donneront pareillement ouverture au droit proportionnel de l'enregistrement, conformément à la même loi.

Visé par l'inspecteur. Signé *S. E.* MONNEL.

Collationné à l'original, par nous président et secrétaires de la Convention nationale. À Paris, le 14 Messidor, an second de la République française, une et indivisible. *Signé* BRÉARD, *ex-président ;* CAMBACÉRÈS et MICHAUD, *secrétaires.*

Du 21 Messidor.

B. n° 20.

D. 92.

LA Convention nationale, sur la porposition d'un membre, décrète : que les termes *seront assujétis* et *donneront*, insérés dans les articles Ier. et II du décret du 13 Messidor, relatif au *paiement du droit porportionnel résultant de la vente des domaines nationaux*, seront remplacés par ceux-ci : *continueront à être assujétis*, et *continueront de donner.*

Autorise le comité des décrets à faire la vérification tant sur les minutes que les expéditions dudit décret qui auraient été délivrées.

Visé par l'inspecteur. Signé BOUILLEROT.

Collationné à l'original, par nous président et secrétaires de la Convention nationale. À Paris, le 25 Messidor, an second de la République française, une et indivisible. *Signé* LOUIS (du Bas - Rhin), *président ;* BORDAS et A. BÉSSON, *secrétaires.*

À PARIS, de l'imprimerie du Dépôt des Lois, place de la Réunion, ci-devant du grand-Carrousel.

L O I S

Qui fixent le droit d'enregistrement pour les mutations par décès, donations, ou legs, des inscriptions au grand livre, et pour la déclaration des immeubles réels ou fictifs dépendant des successions des défenseurs de la patrie.

Du 18 Fructidor, l'an deuxième de la République française, une et indivisible.

Ière. **LA CONVENTION NATIONALE**, après avoir entendu le rapport de son comité des finances, décrète

Que les mutations par décès, donations, ou legs, des inscriptions au grand livre, sont assujetties au droit proportionnel d'enregistrement, sur le pied réglé par les quatrième, cinquième, sixième, septième et huitième sections de la première classe du tarif annexé à la loi du 19 décembre 1790.

Visé par le représentant du peuple, inspecteur aux procès - verbaux. Signé. S. E. MONNEL.

Collationné à l'original, par nous président et secrétaires de la Convention nationale. A Paris, le 19 Fructidor, an second de la République française, une et indivisible. *Signé* BERNARD, *président ;* J. BORIE, CORDIER, *secrétaires.*

IIème. La convention nationale, après avoir entendu le rapport de son comité des finances, décrète que la loi du 9 octobre 1791, sur la perception du droit d'enregistrement, s'applique aux héritiers des défenseurs de la patrie morts en activité de service ou prisonniers de guerre ; en conséquence, les six mois pour la déclaration des immeubles, réels ou fictifs, dépendant de leurs successions, no courront que du jour où leurs héritiers auront pris la succession, sauf aux receveurs de l'enregistrement, s'ils sont légalement informés du décès, à faire dès-lors les poursuites convenables.

Visé par le représentant du peuple, inspecteur aux procès - verbaux. Signé BOUILLEROT.

Collationné à l'original, par nous président et secrétaires de la Convention nationale. A Paris, le 19 Fructidor, an second de la République française, une et indivisible. *Signé* BERNARD, *président ;* J. BORIE, CORDIER, *secrétaires.*

À PARIS,
DE L'IMPRIMERIE DU DÉPOT DES LOIS,
Place de la Réunion, ci-devant du grand-Carrousel.

AN II.ᵉ DE LA RÉPUBLIQUE FRANÇAISE,
UNE ET INDIVISIBLE.

L O I

Qui fixe un délai pour l'insinuation des dons mutuels faits en faveur des veuves des défenseurs de la patrie, et de celles des fonctionnaires publics employés hors de leur domicile.

Du 6 Frimaire, l'an troisième de la République française, une et indivisible.

La Convention nationale, après avoir entendu le rapport de son comité de législation sur les pétitions de la citoyenne *Marie-Catherine Goulet*, veuve *Pagnon*, de la citoyenne *Bouley*, veuve *Cuénin*, et des citoyens de la section de la Halle-au-Bled;

Considérant que le délai de quatre mois, fixé par les lettres-patentes du 3 juillet 1769, pour faire insinuer les dons mutuels entre des époux, à compter du jour du décès du prémourant, est trop court relativement aux veuves des fonctionnaires publics employés hors de leur domicile, et des défenseurs de la patrie, qui ne peuvent souvent avoir, dans un si court espace de temps, des nouvelles certaines de la mort de leurs maris, décrète ce qui suit:

ART. I.er La citoyenne veuve *Pagnon* demeure autorisée à faire insinuer la donation insérée dans son acte de mariage, en date du 30 avril 1780, pendant un mois à compter de ce jour, et cette insinuation vaudra comme si elle avait été faite dans les quatre mois.

II. L'insinuation de l'acte de donation mutuelle faite entre les époux *Cuénin* et *Bouley*, qui n'a eu lieu que huit mois et dix-sept jours après la mort du citoyen *Cuénin*, décédé au service de la patrie, vaudra comme si elle avait été faite dans les quatre mois après ce décès.

III. Les veuves des défenseurs de la patrie et celles des fonctionnaires publics employés hors de leur domicile ordinaire, auront un an, à compter de la mort de leurs maris, pour insinuer les dons mutuels faits en leur faveur.

Visé par le représentant du peuple, inspecteur aux procès-verbaux.
Signé Engerran.

Collationné à l'original, par nous président et secrétaires de la Convention nationale.
A Paris, le 7 Frimaire, an troisième de la République française, une et indivisible.
Signé Clauzel, *président;* Duval (de l'Aube), Merlino, *secrétaires.*

De l'imprimerie du Dépôt des Lois, place de la Réunion, ci-devant du grand-Carrousel.

LOI

B. n°. 102.
D. n°. 534.

Qui assujétit au droit proportionnel d'enregistrement les acquisitions des domaines nationaux, autres que celles faites directement de la nation, et la première vente ou cession qu'en feront les acquéreurs directs.

Du 3 Nivose, l'an troisième de la République Française, une et indivisible.

LA CONVENTION NATIONALE, après avoir entendu le rapport de son comité des finances, décrète ce qui suit :

Les acquisitions de domaines nationaux, autres que celles faites directement de la nation par des particuliers, et la première vente ou cession qu'en feront ces acquéreurs directs pendant les cinq années accordées par le décret du mois de juin 1790 et par celui du 8 janvier 1793, sont assujéties au droit proportionnel d'enregistrement sur le pied fixé par la sixième section de la première classe du tarif annexé à la loi du 19 décembre 1790.

Visé par le représentant du peuple, inspecteur aux procès-verbaux.
Signé JOSEPH BECKER.

Collationné à l'original, par nous président et secrétaires de la Convention nationale. A Paris, le 4 Nivose, an troisième de la République française, une et indivisible. *Signé* BENTABOLE, *président ;* GIROT (du Puy-de-Dôme), LE TOURNEUR (de la Manche), *secrétaires.*

A PARIS, de l'Imprimerie du Dépôt des Lois, place de la Réunion, ci-devant du grand-Carrousel.

L O I

B. n.ᵉ 137.
D. n.° 761.

Qui accorde un délai pour l'insinuation des actes contenant des dispositions à titre gratuit, à l'égard desquels cette formalité aurait été omise.

Du 24 Germinal, l'an troisième de la République française, une et indivisible.

LA CONVENTION NATIONALE, après avoir entendu le rapport de ses comités des finances et de législation, décrète :

Les parties intéressées dans des actes d'une date certaine, contenant des dispositions à titre gratuit, tels que donations entre-vifs, dons mutuels, sujets à la formalité de l'insinuation, et les ayant cause desdites parties qui auraient omis de remplir cette formalité à dater du 1.ᵉʳ avril 1793, seront admis à y satisfaire dans les trois mois de la publication du présent décret, sans être tenus de payer de plus forts droits, et sans qu'on puisse leur opposer le défaut d'insinuation pour la validité desdits actes et dispositions. Le présent décret ne pourra néanmoins préjudicier aux droits des tierces parties.

Visé. Signé S. E. MONNEL.

Collationné. *Signé* BOISSY, *président* ; J. J. SERRES, BALMAIN, *secrétaires.*

A PARIS, de l'Imprimerie du Dépôt des Lois.

L O I

B. n.º 156.

D. n.º 918.

Qui détermine un mode pour la perception du droit d'enregistrement sur le prix des baux, stipulé payable en denrées non évaluées.

Du 26 Prairial, an troisième de la République française une et indivisible.

LA CONVENTION NATIONALE, après avoir entendu son comité des finances, section des domaines et contributions, décrète ce qui suit:

Lorsque le prix des baux à ferme ou à loyer aura été stipulé payable en grains et denrées, et que les baux ne contiendront pas l'évaluation de leur produit annuel, les officiers publics qui les auront reçus, ou le bailleur et preneur, dans le cas du sous seing-privé, *lorsqu'il sera offert à l'enregistrement*; seront tenus de remettre aux préposés de l'enregistrement une déclaration certifiée desdits bailleur et preneur, de la valeur desdits grains et denrées, pendant les dix dernières années qui auront précédé celle de la passation des baux, suivant les mercuriales du marché le plus voisin de la situation des biens à l'époque du premier nivôse de chaque année, et le droit d'enregistrement desdits baux sera perçu sur le prix commun d'une année sur les dix.

En cas de fausse déclaration de la valeur desdits grains et denrées, le bailleur et le preneur seront tenus, solidairement, de payer un droit d'enregistrement en sus.

Visé. Signé ENJUBAULT.

Collationné. *Signé* BRÉARD, *ex-président ;* BOURSAULT, GAMON *secrétaires.*

A PARIS, de l'Imprimerie du Dépôt des Lois.

LOI

B. n.° 160.
D. n.° 940

Qui fixe le prix des papiers timbrés et les droits de timbre extraordinaire et du visa *pour timbre.*

Du 15 Messidor, an troisième de la République française une et indivisible.

LA CONVENTION NATIONALE, après avoir entendu le rapport de son comité des finances, section des domaines, considérant que les frais d'achats et de transports de papiers destinés à être timbrés, excèdent le produit du droit du timbre fixé par le tarif annexé à la loi du 11 février 1791, décrète :

ARTICLE PREMIER.

À compter du jour de la publication du présent décret, le prix des papiers timbrés et les droits de timbre extraordinaire et du *visa* pour timbre, seront payés ainsi qu'il suit :

Timbre de dimension.

	fr.	centimes.
La demi-feuille de petit papier de neuf pouces sur quatorze, feuille ouverte, compris les quittances des contributions indirectes	„	25
La feuille du même papier	„	50
La feuille de papier moyen de onze pouces sur seize	„	75
Celle de grand papier, de quatorze pouces sur dix-sept	1	„
Celle de grand registre, de dix-sept pouces sur vingt-un . . .	1	25
De très-grand registre, de vingt-un pouces sur vingt-sept . . .	1	50
Pour le timbre ou *visa* de chaque feuille excédant cette dimension.	2	„

Timbre proportionnel.

	fr.	centimes.
Pour les effets négociables et quittances comptables de 400 livres et au-dessous	„	50
De 400 livres à 800 livres inclusivement.	1	
De 800 livres à 1,200 livres inclusivement	1	50
Au-dessus de 1,200 livres.	2	„

II. Aussitôt la réception du présent décret, les directoires de district feront constater par inventaire les quantités de papier timbré qui se trouveront dans chacun des bureaux de distribution situés dans leur arrondissement : ces inventaires établiront les quantités et qualités de papiers débités depuis la promulgation de la loi aux prix y fixés ; ils seront faits doubles et certifiés par les receveurs à la régie, et signés, tant par eux que par les commissaires de directoire de district.

Les mêmes commissaires arrêteront aussi, à la suite du dernier enregistrement, le registre de recette du timbre extraordinaire dans les lieux où il en a été établi ; et celui du *visa* pour timbre qui existe dans les bureaux de distribution.

Visé. Signé ENJUBAULT.

Collationné. *Signé* J. B. LOUVET (du Loiret), *président ;* J. MARIETTE ; DELECLOY, *secrétaires.*

A PARIS, de l'Imprimerie du Dépôt des Lois.

L O I

B. n.º 172.

D. n.º 1029.

Relative à l'enregistrement des donations entre-vifs.

Du 25 Thermidor, an troisième de la République française, une et indivisible.

LA CONVENTION NATIONALE, après avoir entendu le rapport de son comité des finances, section des domaines, sur la demande de la commission des revenus nationaux, tendant à faire ordonner que l'enregistrement des donations entre-vifs sera fait par les préposés de l'enregistrement établis près les tribunaux de district, et non par les greffiers de ces tribunaux,

Déclare qu'il n'y a lieu à délibérer, motivé sur les dispositions de la loi du 4 février 1791, qui porte, article VII, que les actes assujettis à l'insinuation continueront d'être insinués suivant les règles établies, et sur ce que depuis 1713, les contrôleurs des actes et les préposés à l'enregistrement ont toujours été successivement les greffiers des insinuations de ces donations, et que le mot *greffe*, employé dans la loi du 4 février 1791, ne peut s'entendre que des bureaux de l'enregistrement, dont les préposés remplissent, à l'égard de l'insinuation de ces donations, les fonctions de greffiers.

Les enregistremens des donations entre-vifs qui auroient pu néanmoins avoir été faits jusqu'à ce jour par les greffiers des tribunaux de district, seront valables.

Les greffiers de ces tribunaux qui auront perçu à leur profit les droits d'enregistrement de ces donations, prescrits par la loi du 19 décembre 1790, et fixés par le tarif y annexé, seront tenus de les restituer entre les mains des préposés à l'enregistrement.

La commission des revenus publics et celle des administrations civiles, de police et tribunaux, sont chargées, chacune en ce qui la concerne, de l'exécution du présent décret.

Visé. Signé ENJUBAULT.

Collationné. *Signé* CAMBACÉRÈS, *ex-président ;*

G. F. DENTZEL, LAUBENCLOT, *secrétaires.*

À PARIS, de l'Imprimerie du Dépôt des Lois.

L O I

B. n.º 197.
D. 1178.

Qui détermine un mode pour la perception du droit proportionnel d'enregistrement sur les actes publics dans lesquels les prix auront été stipulés en numéraire métallique, etc.

Du 25 Vendémiaire, an quatrième de la République française, une et indivisible.

LA CONVENTION NATIONALE, après avoir entendu son comité des finances, décrète que sur tous les actes publics dans lesquels les prix ou estimations auront été stipulés en numéraire métallique, ou en valeur de 1790, ou autre valeur qui surpasse la valeur nominale de l'assignat, le droit proportionnel d'enregistrement sera perçu ou en numéraire métallique, ou en assignats au cours actuel du change.

La commission des revenus nationaux est chargée de faire rentrer les droits dûs à la nation, suivant la proportion mentionnée au présent décret, contre ceux qui n'auraient payé les droits sur lesdits actes qu'en valeur nominale, attendu que lesdits paiemens n'ont pu être faits qu'en fraude du droit d'enregistrement. La Convention annuelle tous jugemens ou décisions qui seraient intervenus au contraire.

L'insertion du présent décret au bulletin tiendra lieu de publication.

Visé. Signé ENJUBAULT.

Collationné. *Signé* GENISSIEU, *président ;*
PONS (de Verdun), ALEX. VILLETARD, *secrétaires.*

A PARIS, de l'Imprimerie du Dépôt des Lois.

N.º 46.

Au nom de la République française.

B. 16.
N.º 92.

L O I

Contenant un nouveau Tarif du droit de Timbre.

Du 11 Nivose, an quatrième de la République française , une et indivisible.

Le Conseil des Anciens, adoptant les motifs de la déclaration d'urgence qui précède la résolution ci-après , reconnaît l'urgence.

Suit la teneur de la déclaration d'urgence et de la résolution du 8 Nivose :

« Le Conseil des Cinq-cents, considérant que les frais d'achat et de transport du papier destiné à être timbré, excèdent le produit du droit de timbre fixé par la loi du 15 messidor dernier, et que la distribution en devient chaque jour plus onéreuse au trésor public,

» Déclare qu'il y a urgence.

Après avoir déclaré l'urgence, le Conseil prend la résolution suivante :

ARTICLE PREMIER.

» A compter du 20 nivose courant, dans le département de la Seine , et du 1er pluviose prochain dans les autres départemens , le prix des papiers timbrés, et les droits de timbre extraordinaire et du *visa* pour timbre, seront payés ainsi qu'il suit :

Timbre de dimension.

La demi-feuille du petit papier, de neuf pouces sur quatorze, feuille ouverte, compris les quittances de contribution indirecte, cinq livres ;

La feuille du même papier, dix livres ;

La feuille du papier moyen, de onze pouces sur seize, quinze livres ;

Celle du grand papier, de quatorze pouces sur dix-sept, vingt livres ;

Celle du grand registre, de dix-sept pouces sur vingt-un, vingt-cinq livres ;

Celle du très-grand registre, de vingt-un pouces sur vingt-neuf, trente livres ;

Pour le timbre, ou *visa* de timbre, de chaque feuille excédant cette dimension, quarante livres.

II. » Le timbre du papier pour expédition sera payé le double du prix de celui du même format destiné aux minutes, conformément à l'article V de la loi du 11 février 1791.

Timbre proportionnel.

III. » Pour les effets négociables, le timbre sera payé dans les proportions suivantes :

Pour ceux de dix mille livres et au-dessous, vingt livres ;

Pour ceux de dix mille livres à vingt mille livres inclusivement, trente livres ;

Pour ceux de vingt mille livres à trente mille livres inclusivement, quarante livres ;

Pour ceux au-dessus de trente mille livres indéfiniment, cinquante livres.

Quant aux quittances comptables, elles ne seront désormais assujetties qu'à un droit de timbre fixe, comme les quittances entre particuliers.

IV. » Lorsque les effets ne seront point payables en assignats valeur nominale, ils ne pourront être souscrits que sur du papier du timbre proportionné aux sommes stipulées dans ces effets, multipliées par cent.

V. Il ne sera payé que la moitié de ces droits proportionnels pour le timbre, ou *visa* de timbre, des effets venant de l'étranger et payables en France, conformément à l'article III de la loi du 11 février 1791.

VI. Les timbres actuels sont maintenus. Cependant, à compter des époques ci-dessus du 20 nivose courant dans le département de la Seine, et du 10 pluviose prochain dans les autres départemens, les empreintes seront frappées en rouge ; et les papiers timbrés en noir ne pourront alors être employés qu'après avoir été contre-marqués de la nouvelle empreinte.

VII. » Il sera libre à toute personne qui serait pourvue de papiers timbrés actuellement en usage, de les reverser dans les bureaux de distribution.

Le prix en sera rendu sur le taux fixé par la loi du 15 messidor dernier : cette faculté n'aura lieu que jusqu'au 1.er ventôse prochain.

VIII. Lesdits jours, 20 nivôse courant dans le département de la Seine, et

18 pluviôse prochain dans les autres départemens, les commissaires du Directoire exécutif près les administrations municipales, et à leur défaut, des agens nommés *ad hoc* par les administrations de département, constateront par inventaires les quantités et qualités des papiers timbrés qui se trouveront dans chacun des bureaux de distribution établis dans leurs arrondissemens respectifs. Ces inventaires seront faits doubles, et certifiés tant par lesdits commissaires ou agens que par les receveurs de l'administration du timbre.

Les mêmes commissaires ou agens arrêteront aussi le même jour, à la suite du dernier enregistrement, le registre de recette du timbre extraordinaire dans les lieux où il en a été établi, et celui du *visa* pour timbre qui existe dans les bureaux de distribution.

IX. » Les contraventions aux dispositions ci-dessus seront punies des peines prononcées par la loi du 11 février 1791, qui continuera d'avoir son exécution en tout ce qui n'est point contraire à la présente résolution.

Les amendes prononcées par ladite loi seront payées à raison de quarante capitaux pour un.

Signé TREILHARD, *président*;

BÉZARD, J. B. LOUVET (de la Haute-Vienne), *secrétaires.*

Après une seconde lecture, le Conseil des Anciens approuve la résolution ci-dessus.

Signé VERNIER, *président*;

B. PARADIS, CORNILLEAU, ROGER-DUCOS, GOUPIL-PREFELN, *secrétaires.*

Le Directoire exécutif ordonne que la loi ci-dessus sera publiée, exécutée, et qu'elle sera munie du sceau de la République. Fait au palais national du Directoire exécutif, le 11 Nivose, an IV de la République française.

Pour expédition conforme, *signé* REUBELL, *président* ; par le Directoire exécutif, *le secrétaire général*, LAGARDE ; *et scellé du sceau de la République.*

A PARIS, de l'Imprimerie du Dépôt des Lois.

N.º 71.

Au nom de la République française.

L O I

B. 22.

N.º 140.

Relative à la perception des droits d'Enregistrement.

Du 9 Pluviose, l'an quatrième de la République française, une et indivisible.

Le Conseil des Anciens, adoptant les motifs de la déclaration d'urgence qui précède la résolution ci-après, reconnaît l'urgence.

Suit la teneur de la déclaration d'urgence et de la résolution du 30 nivose :

« Le Conseil des Cinq-cents, considérant que les droits d'enregistrement doivent être mis au rang des principales ressources, et envisagés comme l'une des parties les plus importantes des revenus de la République; que cette contribution assise sur des fortunes réelles, est d'autant plus juste en soi, que la formalité dont elle est le prix intéresse les propriétés privées, et qu'elle fortifie et tend à en conserver les titres; que, portée au taux où elle doit s'élever, elle deviendra un des plus sûrs moyens de rétablir l'équilibre entre les recettes et les dépenses de l'État; mais que ces droits étant au-dessous d'une juste proportion, eu égard aux actes, mutations et valeurs sur lesquels ils se perçoivent d'après les quotités fixées par le tarif annexé à la loi du 19 décembre 1790, et le paiement en étant fait en assignats valeur nominale, excepté pour les actes dont les prix sont stipulés en numéraire métallique, il est instant de faire cesser cette disproportion, et de rendre au trésor public le produit réel dont il est privé aujourd'hui,

» Déclare qu'il y a urgence.

» Le Conseil des Cinq-cents, après avoir déclaré l'urgence, prend la résolution suivante :

ARTICLE PREMIER.

» À compter du 15 pluviose prochain, les droits d'enregistrement établis par la loi du 19 décembre 1790, et fixés par le tarif y annexé, seront perçus à des quotités supérieures, et dans les proportions ci-après.

II » La perception des droits proportionnels d'enregistrement de tous les actes et mutations de biens meubles et immeubles, *excepté les mutations par décès*, réglée d'après les différentes sections de la première classe du tarif, sera faite au double des fixations portées auxdites sections.

III. » Les déclarations d'amis ou de command qui ne seront pas faites dans les vingt-quatre heures, seront assujéties à la perception du droit proportionnel, suivant l'article précédent.

IV. » Le droit proportionnel des mutations par décès sera, savoir :

D'un demi pour cent en ligne directe ;

De quatre pour cent pour les frères et sœurs, oncles et tantes, neveux et nièces ;

De six pour cent pour les autres parens jusques et compris les cousins issus de germains ;

Et de dix pour cent pour les collatéraux à des degrés plus éloignés et pour les étrangers.

Il ne sera payé, comme ci-devant, que la moitié desdits droits pour les déclarations d'usufruit des mêmes biens.

Les droits ci-dessus seront réglés d'après la déclaration estimative et affirmative des parties.

V. » La loi du 25 vendémiaire dernier, qui porte que, *sur tous les actes publics dans lesquels les prix ou estimations auront été stipulés ou en numéraire métallique, ou en valeur de 1790, ou autre valeur qui surpasse la valeur nominale de l'assignat, le droit proportionnel d'enregistrement sera perçu ou en numéraire métallique, ou en assignats au cours actuel du change*, est rendue applicable aux actes sous seing-privé et conventions antérieures au premier janvier 1792, de l'espèce de ceux mentionnés dans la première classe du tarif : en conséquence, les droits fixés par l'article II de la présente résolution, seront payés, pour lesdits actes et conventions, ou en numéraire métallique, ou en assignats au cours.

VI. » À l'égard des droits qui doivent être réglés d'après la déclaration estimative des parties, l'estimation sera portée à la valeur capitale des objets en 1790, et la perception sera faite en numéraire métallique, ou en assignats au cours, ainsi qu'il est dit dans l'article précédent.

3

» Toute déclaration estimative qui aura pour objet des immeubles réels, sera en outre appuyée de l'extrait du rôle de la contribution foncière de 1791.

VII. » Lorsque le prix des baux à ferme ou à loyer aura été stipulé payable en grains et denrées, l'évaluation en sera faite sur le pied de 1790, d'après les mercuriales (de ladite année) du marché le plus voisin de la situation des biens, et le droit en sera payé ou en numéraire métallique, ou en assignats au cours.

VIII. » Les droits des actes et dispositions dont la quotité est fixée d'après le revenu par la deuxième classe du tarif, continueront d'être réglés sur la même base, mais dans des proportions doubles de celles qui y sont exprimées ; et comme la cote d'habitation n'existe plus, les parties seront tenues de fournir une déclaration du revenu actuel.

» Dans aucun cas le droit ne pourra être au-dessous de quinze francs.

IX. » Les droits fixes dûs sur les actes mentionnés aux sections de la troisième classe du tarif, seront perçus au décuple des fixations portées auxdites sections.

» Sont exceptés néanmoins ceux des certificats de vie, des certificats de résidence et des procurations, lesquels continueront à être perçus comme ci-devant.

X. » Les receveurs seront tenus d'énoncer dans leurs enregistremens ainsi que dans les quittances qu'ils délivreront, pour en compter en mêmes espèces, la nature des paiemens qui leur auront été faits pour tous les actes et mutations qui sont dans le cas d'être acquittés en numéraire métallique ou en assignats au cours.

XI. » La présente résolution sera imprimée.

Signé TREILHARD, *président* ;

BEZARD, J. B. LOUVET, *secrétaires.*

Après une seconde lecture, le Conseil des Anciens APPROUVE la résolution ci-dessus. Le 9 Pluviose, an quatrième de la République française.

Signé GOUPIL-PRÉFELN, *président* ;

MURAIRE, LEBRUN, LECOUTEUX-CANTELEU, CLAUZEL, *secrétaires.*

Le Directoire exécutif ordonne que la loi ci-dessus sera publiée, exécutée, et qu'elle sera munie du sceau de la République. Fait au palais national du Directoire exécutif, le 9 Pluviose, an quatrième de la République française.

Pour expédition conforme, *signé* LE TOURNEUR, *président par intérim* ; par le Directoire exécutif, *le secrétaire général*, LAGARDE, *et scellé du sceau de la République.*

A PARIS, de l'Imprimerie du Dépôt des Lois.

N.° 235.

Au nom de la République française.

L O I

B. 62.

N.° 571.

*Qui fixe le mode de paiement du dernier quart du prix
des domaines nationaux soumissionés.*

Du 13 Thermidor, an IV de la République française, une et indivisible.

LE CONSEIL DES ANCIENS, adoptant les motifs de la déclaration d'urgence
qui précède la résolution ci-après, approuve l'acte d'urgence.

Suit la teneur de la Déclaration d'urgence et de la Résolution du 7 Thermidor :

Le Conseil des Cinq-cents, considérant que la dépréciation des mandats, depuis les premières soumissions pour l'acquisition des domaines nationaux, présente une lésion dans le prix, qui alarme les soumissionnaires eux-mêmes, et
écarte de nouvelles soumissions ; qu'il est instant de fixer le paiement définitif
d'une manière qui fasse cesser toutes les inquiétudes en conciliant l'intérêt public
avec l'intérêt particulier,

Déclare qu'il y a urgence.

Le Conseil, après avoir déclaré l'urgence, prend la résolution suivante :

ARTICLE PREMIER.

Le dernier quart du prix des domaines nationaux soumissionnés sera acquitté
en mandats valeur au cours, en la forme et dans les délais ci-après fixés.

II. Le cours sera déclaré tous les jours par la trésorerie nationale ; le Directoire proclamera le terme moyen des cinq jours précédens, et l'adressera à chaque
département, qui le transmettra sur-le-champ aux receveurs.

N.° 9, 10.

III. Chaque paiement sera réglé par le receveur sur le dernier cours qui aura été proclamé.

Le receveur sera tenu d'arrêter tous les jours son registre de recette, immédiatement après le dernier enregistrement.

IV. Sur le quatrième quart il sera fait une remise de 10 pour cent sur le prix des maisons d'habitation qui, en exécution de la loi du 6 floréal dernier, ont été estimées séparément.

V. Le quatrième quart sera acquitté en six paiemens égaux, avec l'intérêt de chaque terme sur le pied de 4 pour cent par an.

Le premier des six paiemens sera effectué dans le mois de la publication de la présente, et sera excepté de l'intérêt; le second, dans les trois mois suivans, et ainsi des autres, de manière que le tout soit acquitté dans seize mois.

VI. Ceux qui auront soumissionné avant la publication de la présente, pourront, dans les trente jours de sa publication, faire devant l'administration, au profit d'un ou de plusieurs particuliers, déclaration de command pour tout ou partie de leurs acquisitions, sans être assujétis à aucuns droits de mutation; ils paieront seulement un franc pour droit d'enregistrement de chaque déclaration.

VII. Ceux desdits soumissionnaires qui ne paieront pas aux termes portés en l'article V, encourront la déchéance. Les mandats par eux consignés leur seront rendus sans frais ni retenue.

VIII. Les acquéreurs qui paieront en mandats la totalité du dernier quart dans le mois après la publication, obtiendront une remise de 18 pour cent; ceux qui paieront plus tard, le tout ou partie de chaque terme à écheoir, auront une remise d'un pour cent par mois d'anticipation; ceux qui paieront dans la décade le vingt-quatrième, payable dans le premier mois, obtiendront une remise de deux pour cent.

IX. Les sommes payées en mandats, à-compte ou pour complément du quatrième quart des biens soumissionnés, libéreront les acquéreurs dans les proportions suivantes, savoir :

De vingt pour cent pour les paiemens faits en germinal;

De quinze pour cent pour ceux faits en floréal;

De dix pour cent pour ceux faits en prairial;

De huit pour cent pour ceux faits en messidor;

Et d'après le cours qui sera déclaré par le Directoire, pour ceux faits postérieurement et jusqu'à la publication de la présente.

X. Nul acquéreur ne pourra anticiper les coupes de bois-taillis, ni les époques de pêche des étangs, ni abattre aucune futaie, ni faire aucune démolition avant d'avoir effectué le paiement définitif de son acquisition.

XI. Ceux qui auraient fait ou se permettraient de faire des dégradations de l'espèce de celles prohibées en l'article précédent, seront tenus de parachever dans les trois mois le paiement du quatrième quart, et seront, en cas de déchéance, poursuivis à la requête du commissaire du pouvoir exécutif près l'administration de département dans l'arrondissement duquel se trouvera le domaine dégradé, pour se voir condamner à la réparation du dommage qu'ils auraient causé.

XII. Les soumissions qui seront faites à l'avenir seront reçues sur la consignation du premier quart, conformément à la loi du 6 floréal ; les deux quarts suivans seront consignés de même de quinzaine en quinzaine, à dater du jour de la soumission, et pour le dernier quart payable en mandats, valeur au cours, il sera divisé en six paiemens égaux :

Le premier sera effectué dans le second mois de la soumission ; le second dans les trois mois après, et ainsi des autres, de manière que le tout soit acquitté dans seize mois, sous les peines de déchéance portées en l'article XI de la présente, et dans l'instruction du 6 floréal dernier.

Les soumissionnaires jouiront également des avantages accordés par les articles IV et VIII de la présente, en se conformant aux dispositions y contenues.

XIII. Toutes les dispositions des lois antérieures, contraires à la présente loi, sont abrogées.

XIV. La présente résolution sera imprimée.

Signé Boissy, *président ;*
Baraillon, *secrétaire.* J. F. Philippe Delleville, Soulignac, *ex-secrétaires.*

Après une seconde lecture, le Conseil des Anciens APPROUVE la résolution ci-dessus. Le 13 thermidor, an IV de la République française.

Signé Dussaulx, *président ;*
G. Desgraves, Himbert, Durand-Maillanne, *secrétaires.*

Le Directoire exécutif ordonne que la loi ci-dessus sera publiée, exécutée, et qu'elle sera munie du sceau de la République. Fait au palais national du Directoire exécutif, le 13 Thermidor, an quatrième de la République française, une et indivisible.

Pour expédition conforme, *Signé* L. M. Reveillère-Lépeaux, *président ;* par le Directoire exécutif, *le secrétaire général,* Lagarde. Et *scellé du sceau de la République.*

A PARIS, de l'Imprimerie du Dépôt des Lois, place du Carrousel.

N.° 238.

Au nom de la République française.

L O I S

B. n.° 62.

D. n.° 574.

Contenant un nouveau mode de paiement des droits de Douane, et de Navigation, de Timbre et d'Enregistrement.

Du 14 Thermidor an quatrième de la République française, une et indivisible.

1.°¹ *LOI portant que les droits de douane et de navigation seront perçus en numéraire, ou en mandats, valeur représentative.*

Du 14 Thermidor an IV.

LE CONSEIL DES ANCIENS, adoptant les motifs de la déclaration d'urgence qui précède la résolution ci-après ; approuve l'acte d'urgence.

Suit la teneur de la déclaration d'urgence et de la résolution du 5 Thermidor :

Le Conseil des Cinq-cents, considérant que la quotité des droits de douane a été déterminée dans la proportion la plus convenable pour assurer aux productions nationales la préférence qui leur est dûe sur celles qui viennent de l'étranger ; et qu'il est instant de faire cesser un mode de paiement qui altère sensiblement cette proportion au préjudice de l'industrie française et des rentrées effectives que le trésor public a droit d'attendre,

Déclare qu'il y a urgence.

N.° 9.
A

Le Conseil des Cinq-cents, après avoir déclaré l'urgence, prend la résolution suivante :

ARTICLE PREMIER.

Les droits de douane et de navigation seront perçus en numéraire, ou en mandats, valeur représentative.

II. La présente résolution sera imprimée.

Signé BOISSY, *président;*

BARAILLON, RUELLE, *secrétaires.*

Après une seconde lecture, le Conseil des Anciens APPROUVE la résolution ci-dessus. Le 14 Thermidor, an IV de la République française.

Signé DUSAULX, *président;*

HIMBERT, G. DESGRAVES, DURAND-MAILLANE, DUPONT (de Nemours), *secrétaires.*

Le Directoire exécutif ordonne que la loi ci-dessus sera publiée, exécutée, et qu'elle sera munie du sceau de la République. Fait au Palais national du Directoire exécutif, le 14 Thermidor, an quatrième de la République française.

Pour expédition conforme, *signé* L. M. RÉVEILLÈRE-LÉPEAUX, *président;* par le Directoire exécutif, *le secrétaire général,* LAGARDE, *et scellé du sceau de la République.*

2.° *LOI qui établit un nouveau tarif pour le paiement des droits de timbre.*

Du 14 Thermidor an IV.

LE CONSEIL DES ANCIENS, adoptant les motifs de la déclaration d'urgence qui précède la résolution ci-après, approuve l'acte d'urgence.

Suit la teneur de la déclaration d'urgence et de la résolution du 3 Thermidor :

Le Conseil des Cinq-cents, après avoir entendu sa commission des finances, considérant que les taux auxquels ont été élevés les droits de timbre par la loi du 11 nivose dernier, comme devant être payés en assignats, ne peuvent plus subsister aujourd'hui, et qu'il est instant de rendre le produit de ces droits utile au trésor public,

Déclare qu'il y a urgence,

Le Conseil, après avoir déclaré l'urgence, prend la résolution suivante :

ARTICLE PREMIER.

A compter du premier vendémiaire prochain, le prix des papiers timbrés et les droits de timbre et de *visa* pour timbre, seront payés ainsi qu'il suit ; savoir :

Timbre fixe ou de dimension.

	francs.	centimes.
La demi-feuille de petit papier, de 24 centimètres sur 38, feuille ouverte, les quittances de contributions indirectes et les certificats de résidence		25
La feuille du même format.		50
La feuille de moyen papier, de 29 centimètres sur 44 . . .		75
Celle de grand papier, de 38 centimètres sur 46	1	
Celle de grand registre, de 46 centimètres sur 56	1	25
Et pour le timbre ou *visa* de chaque feuille excédant cette dernière dimension	1	50

Timbre proportionnel.

Pour tous les effets négociables ou de commerce, compris ceux venant des colonies ou de l'étranger ; savoir :

	francs.
Les effets de 1,000 et au-déssous, sauf l'exception ci-après	1
Ceux au-dessus de 1,000 francs jusqu'à 2,000.	2
Ceux au-dessus de 2,000 francs jusqu'à 3,000.	3
Ceux au-dessus de 3,000 francs jusqu'à 4,000.	4
Ceux au-dessus de 4,000 francs jusqu'à 5,000.	5
Et ceux au-dessus de 5,000 francs indéfiniment	10

Les effets négociables non excédant 200 francs, ne seront assujétis qu'au droit de timbre fixe de 25 centimes.

II. Les quittances dites *comptables* resteront soumises au droit de timbre *fixe* seulement, comme les quittances entre particuliers.

III. Au moyen des fixations établies par l'article premier ci-dessus, il n'y aura plus de distinction ni de différence de prix entre les droits de timbre des papiers pour *minute* et ceux des papiers pour *expédition*.

Lois sur les douanes, etc. n.º 238.

IV. Les droits de timbre, tant *fixes que proportionnels*, et les amendes fixes de contravention, seront payés en numéraire métallique.

Quant aux amendes pour contravention au timbre proportionnel, elles seront payées en même monnaie que les effets auront été stipulés.

V. La régie fera graver de nouveaux timbres.

Chaque timbre portera distinctement son prix, et aura pour légende les mots *République française.*

Ils ne seront point distingués par département; ils seront uniformes pour toute la République.

Les timbres *de droit fixe et de dimension* seront frappés *en noir*; ils serviront pour les papiers que fournit la régie, et pour ceux que les particuliers feront timbrer eux-mêmes.

Les timbres *de droit proportionnel* seront gravés pour être appliqués *à sec.*

Les empreintes seront apposées au haut du milieu de chaque feuille, demi-feuille ou autre dimension du papier de la régie, et au côté gauche du haut de chaque feuille, demi-feuille ou autre dimension du papier que les particuliers présenteront au timbre.

VI. Ceux qui se trouveront pourvus de papiers timbrés *en rouge*, soit en feuilles, soit en registre, ne pourront les employer, passé le premier vendémiaire prochain, qu'après les avoir fait frapper du nouveau timbre, sur le prix duquel celui payé pour le timbre *rouge* sera déduit.

La faculté de faire apposer le nouveau timbre sur ces papiers, n'aura lieu que jusqu'au premier brumaire suivant.

VII. Tout acte, soit public, soit sous signature privée, et toutes écritures pour lesquelles le papier timbré doit être employé, qui, après le premier vendémiaire prochain, seraient faits sur papier timbré *en rouge*, sans avoir été préalablement soumis au nouveau timbre, seront réputés avoir été écrits sur papier non timbré; et dès-lors il y aura contravention à la loi.

VIII. L'exemption du timbre accordée par l'article XX de la loi du 11 février 1791 aux quittances entre particuliers, pour créances de 25 francs et au-dessous, est étendue aux quittances de contributions indirectes et aux quittances fournies au trésor public qui n'excéderont pas cette somme.

IX. Toute personne qui, contre le vœu des articles II et XXIII de la loi du 11 février 1791, débiterait du papier timbré, sans être commissionnée par la régie, sera condamnée, pour la première fois, à l'amende de 100 francs, payable comme les droits de timbre : en cas de récidive, l'amende sera de 300 francs.

Le papier qui sera saisi chez ceux qui s'en permettront ainsi le commerce, sera en outre confisqué au profit de la République.

X. Les dispositions des lois sur le timbre auxquelles il n'est point dérogé par la présente, continueront d'être exécutées.

XI. Le dernier jour complémentaire prochain, après la clôture des bureaux les commissaires du Directoire exécutif près les administrations municipales, ou à leur défaut les juges de paix, constateront par inventaire les quantités et qualités des papiers timbrés qui se trouveron dans chacun des bureaux de distribution établis dans leurs arrondissemens respectifs.

Ces inventaires seront faits doubles, et certifiés tant par lesdits commissaires ou juges de paix que par les receveurs.

Les mêmes commissaires ou juges de paix arrêteront à la suite du dernier enregistrement le registre du timbre extraordinaire dans les lieux où il a été établi, et celui du *visa* pour timbre qui existe dans les bureaux de distribution.

XII. La présente résolution sera imprimée.

Signé BOISSY , *président ;*
BARAILON , BORYS , *secrétaires.*

Après une seconde lecture, le Conseil des Anciens APPROUVE la résolution ci-dessus. Le 14 Thermidor an IV de la République française.

Signé DUSAULX , *président ;*
HIMBERT, G. DESGRAVIS, DURAND-MAILLANE, DUPONT (de Nemours),
secrétaires.

Le Directoire exécutif ordonne que la loi ci-dessus sera publiée, exécutée, et qu'elle sera munie du sceau de la République. Fait au palais national du Directoire exécutif, le 14 Thermidor, an IV de la République française.

Pour expédition conforme, *signé* L. M. RÉVEILLÈRE-LÉPEAUX, *président ;* par le Directoire exécutif, *le secrétaire général* LAGARDE , *et scellé du sceau de la République.*

3.° *LOI contenant une nouvelle fixation des droits d'enregistrement.*

B. n.ª 62.

N.° 576.

Du 14 Thermidor, an IV.

LE CONSEIL DES ANCIENS, adoptant les motifs de la déclaration d'urgence qui précède la résolution ci-après, approuve l'acte d'urgence.

Suit la teneur de la déclaration d'urgence et de la résolution du 3 Thermidor :

Le Conseil des Cinq-Cents, après avoir entendu le rapport de sa commission des finances ;

Considérant qu'il est devenu nécessaire depuis la création des mandats territoriaux, qui remplacent les assignats dans la circulation, de modifier les droits d'enregistrement que la loi du 9 pluviôse dernier avait augmentés, eu égard à la dépréciation du signe servant à les acquitter ;

Considérant qu'il est instant de régler ces modifications, et de rendre en même tems ces droits profitables au trésor public par une perception réelle,

Déclare qu'il y a urgence,

Le Conseil, après avoir déclaré l'urgence, prend la résolution suivante :

ARTICLE PREMIER.

La loi du 9 pluviose dernier, relative à la perception des droits d'enregistrement, est et demeure rapportée.

II. Ces droits sont rétablis sur le pied du tarif annexé à la loi du 19 décembre 1790, sauf les exceptions et changemens ci-après.

III. Les actes translatifs de propriétés d'immeubles réels compris dans le premier article de la VIe. section de la première classe du tarif, et les retours d'échanges de biens de même nature ; seront assujétis à un droit de quatre pour cent, quelle que soit leur date.

Si une vente comprend des biens meubles et immeubles, le droit de quatre pour cent sera perçu sur sur la totalité du prix, à moins que l'acte ne contienne une évaluation particulière du mobilier, article par article : dans ce dernier cas, le droit sur le prix du mobilier sera payé au taux fixé par la quatrième section de la première classe du tarif pour les ventes et adjudications de meubles.

IV. Il sera perçu deux pour cent pour les licitations et les retours de partages d'immeubles réels entre co-propriétaires au même titre.

Le droit sera aussi de deux pour cent pour les ventes et démissions de propriétés d'immeubles réels en ligne directe, autrement que par contrat de mariage, et pour les échanges de biens de même nature entre quelques personnes que ce soit, à raison de la valeur d'une des parts, lorsqu'il n'y aura aucun retour.

V. Les déclarations d'ami ou de command qui ne sont pas faites dans les vingt-quatre heures du jour des ventes et adjudications, seront soumises au droit proportionnel d'enregistrement.

VI. Les constitutions, cessions ou transports de rentes perpétuelles ou viagères, et les transferts des inscriptions sur le *grand-livre*, seront assujétis à un droit de deux pour cent.

Les cessions desdites rentes et inscriptions en ligne directe ne seront pas passibles de plus forts droits que ceux réglés par le tarif de 1790.

VII. Le droit proportionnel des donations entre vifs, et des mutations par décès, d'immeubles réels, sera perçu dans les proportions suivantes, quelle que soit l'époque de la mutation, sans préjudice de la prescription ;

S A V O I R :

Un demi pour cent en ligne directe ;

Deux pour cent entre frères et sœurs, oncles et tantes, neveux et nièces ;

Quatre pour cent pour les autres parens, y compris les cousins issus de germains ;

Et cinq pour cent pour les collatéraux à des degrés plus éloignés, et pour les étrangers.

Il ne sera payé que la moitié desdits droits,

1.° Pour les déclarations d'usufruit des mêmes biens, à raison de leur valeur entière ;

2.° Pour celles des rentes constituées et des inscriptions,

Les déclarations d'usufruit desdites rentes et inscriptions ne seront soumises qu'au quart desdits droits.

VIII. Les droits des donations entre-vifs par contrat de mariage et ceux des déclarations que seront tenus de fournir les époux survivans, resteront tels qu'ils sont établis par le tarif.

IX. Les premières ventes et les reventes de biens nationaux de toute origine sont soumises au droit proportionnel d'enregistrement, comme les autres aliénations d'immeubles réels entre particuliers.

Continueron néanmoins d'être enregistrées pour soixante-quinze centimes de droit fixe seulement, conformément aux dispositions de la loi du 8 janvier

1793, les premières reventes de domaines nationaux qui pourront être faites pendant les cinq années des adjudications, par ceux qui ons acquis de la nation dans le courant de ladite année 1793.

X. Les droits des mutations d'immeubles réels, qui doivent être liquidés d'après la déclaration estimative des parties, seront perçus sur la valeur capitale et réelle des biens au temps de la déclaration qui en sera passée.

L'extrait du rôle de la contribution foncière sera produit à l'appui de chaque objet déclaré.

Les rentes et pensions seront évaluées suivant les capitaux exprimés dans les actes.

S'il s'agit de rentes foncières ou constituées dont les capitaux ne soient pas connus, l'évaluation en sera faite, savoir :

Au denier *vingt-cinq* pour les rentes foncières stipulées en denrées;

Au denier *vingt* pour toutes les autres rentes foncières ou constituées, et pour les inscriptions;

Et au denier *dix* pour les rentes viagères et pensions.

XI. La perception de droit des actes et dispositions de la deuxième classe du tarif, sera réglée sur la déclaration du revenu, que les parties seront tenues de passer.

Les traitemens, pensions et autres revenus viagers, ne seront compris que pour moitié de leur montant annuel.

Toute déclaration de revenu contiendra la désignation des biens et des objets qui le produisent.

Il ne sera fait d'autre distraction sur le revenu déclaré, que celle des rentes dont il est grevé, s'il en est justifié par titres enregistrés.

XII. Pour régler la perception du droit des actes dont les prix auront été stipulés payables en grains ou autres denrées, l'évaluation des objets sera faite sur le pied de leur valeur réelle, d'après les dernières mercuriales du marché le plus voisin de la situation des biens.

XIII. Les droits d'enregistrement seront payés, savoir :

1o. *En mandats, valeur nominale;*

Pour les actes et mutations dont les prix et sommes auront été stipulés, soit en mandats soit en assignats *valeur nominale*, en réduisant, quant aux assignats, la somme au trentième ;

2o. *En* numéraire *métallique,*

Pour ceux dont les prix et sommes auront été stipulés en cette monnaie, ou en matière d'or et d'argent, ou dont la nature du paiement n'aura pas été désignée, et pour les actes sous signature privée antérieurs au premier janvier 1791, exprimant des valeurs;

3o. *En mandats, valeur représentative de dix livres de blé-froment par chaque franc, comme pour la contribution foncière, ou en numéraire métallique, à l'option des parties.*

Pour tous les autres actes et mutations.

4.o A l'égard des inscriptions sur le *grand-livre*, les droit seront acquittés *en même valeur* que les intérêts auront été payés par le trésor public, dans le semestre de l'ouverture du droit.

Les amendes de contravention seront payées en même monnaie que les droits auxquels elles se rapporteront;

Les autres amendes le seront en mandats, valeur représentative de dix livres de blé-froment par chaque franc.

XIV. Les droits fixes et proportionnels des hypothèques actuellement existans, dont la régie est chargée, seront payés comme il est dit à l'article précédent pour les droits d'enregistrement.

XV. Les receveurs seront tenus d'énoncer dans leurs enregistremens, ainsi que dans les quittances qu'ils délivreront, pour en compter en mêmes espèces, la nature des paiemens qui leur auront été faits.

XVI. Les traitemens des régisseurs et de tous les employés de la régie (autres que les receveurs) tels qu'ils sont réglés, seront pris sur la masse entière des recettes de quelque nature qu'elles soient, et proportionnellement aux espèces qui le composeront.

Les remises de chaque receveur seront prélevées de la même manière sur les recettes de son bureau.

XVII. Ceux des traitemens ci-dessus qui sont payés directement par la trésorerie nationale, le seront désormais par les receveurs de la régie, comme il en a été usé jusqu'à présent dans les départemens.

Il en sera de même des autres dépenses de la régie, pour lesquelles d'ailleurs les formalités préalables prescrites par les lois précédentes, continueront d'être observées.

XVIII. Les dispositions des lois antérieures sur l'enregistrement non abrogées par la présente, continueront d'être maintenues.

XIX. La présente aura son exécution à compter du jour de sa publication. Elle sera imprimée.

Signé BOISSY, *président ;*
BARAILON, EMM. PASTORET, BORNES, *secrétaires.*

Après une seconde lecture, le Conseil des Anciens APPROUVE la résolution ci-dessus. Le 14 Thermidor, an IV de la République française.

Signé DUSAULX, *président ;*
HIMBERT, G. DESGRAVES, DURAND-MAILLANE, DUPONT (de Nemours), *secrétaires.*

Le Directoire exécutif ordonne que la loi ci-dessus sera publiée, exécutée, et qu'elle sera munie du sceau de la République. Fait au Palais national du Directoire exécutif, le 14 Thermidor, an IV de la République française, une et indivisible.

Pour expédition conforme : *Signé* L. M. REVEILLERE-LÉPEAUX, *président ;* par le Directoire exécutif, *le secrétaire général,* LAGARDE. *Et scellé du sceau de la République.*

A PARIS, de l'Imprimerie du Dépôt des Lois, place du Carrousel.

Au nom de la République française.

L O I S

Relatives aux dépenses ordinaires et extraordinaires de l'an V,
et aux contributions.

Des 16 et 17 Brumaire an V de la République française, une et indivisible.

1.º LOI relative aux dépenses ordinaires et extraordinaires
de l'an V.

Du 16 Brumaire.

LE CONSEIL DES ANCIENS, adoptant les motifs de la déclaration d'urgence qui précède la résolution ci-après, approuve l'acte d'urgence.

Suit la teneur de la Déclaration d'urgence et de la Résolution du 11 Brumaire :

Le Conseil des Cinq-cents, après avoir entendu le rapport de la commission spéciale à laquelle il a renvoyé l'examen du message du Directoire exécutif, du 19 vendémiaire dernier ; considérant que le crédit public ne peut être assuré que par l'équilibre des recettes et des dépenses ordinaires ;

Que le plus grand acheminement à la paix est l'assignation des fonds extraordinaires pour la guerre, si les ennemis de la République la mettent dans la nécessité de la continuer ;

Que la dignité et la prospérité de la nation réclament sur ces deux objets la plus prompte pétermination du Corps législatif,

N.º 2, 4, 9 et 10.   A

Déclare qu'il y a urgence.

Le Conseil, après avoir déclaré l'urgence, prend la résolution suivante :

ARTICLE PREMIER.

Il sera fait, pour le service de l'an V, un fonds de 450 millions de francs, valeur métallique, affecté aux dépenses fixes ;

Et un fonds de 550 millions, même valeur, affecté aux dépenses extraordinaire de la guerre.

II. Les dépenses fixes seront prises en entier sur le produit des contributions de l'an V.

III. Les fonds extraordinaires sont affectés sur l'arriéré des contributions, sur les revenus des domaines nationaux et des forêts nationales; et pour compléter la somme de 550 millions en valeurs disponibles, il sera vendu une quantité suffisante de domaines nationaux, dans les formes ci-après déterminées.

IV. La contribution foncière de l'an V est fixée à 250 millions en principal, à répartir sur les quatre-vingt-dix-huit départemens situés en Europe.

La contribution personnelle et somptuaire, pour la même année, est fixée à 50 millions, à répartir sur tous les habitans du même territoire.

V. Il sera ouvert, dans les dix jours qui suivront la publication de la présente loi, dans chaque commune, un rôle provisoire pour l'an V, sur lequel tous les contribuables seront portés pour le cinquième du montant de leurs contributions directes de l'an IV, payable en numéraire ou mandats au cours, dans le mois qui suivra la publication du rôle.

Sur les sommes provenant de cette recette, sera prélevé par préférence le montant des dépenses locales de département et de communes, pour ce qui en est dû à compter du premier vendémiaire de l'an V, et successivement ce qui sera nécessaire pour subvenir aux dépenses courantes.

Les premiers deniers seront versés dans les caisses des receveurs, en remplacement des avances faites par le trésor public, pour les dépenses du premier trimestre de l'an V.

VI. Les bons de réquisition pourront être employés en paiement de la moitié des contributions directes de l'an IV, par les contribuables à qui ils auront été nominativement remis en exécution de la loi du 3 vendémiaire an V; mais ils ne seront admis qu'en représentant la quittance de la première moitié.

Dans le cas où la valeur des bons ne s'éleverait pas au montant de la moitié,

Ils ne seront également admis qu'en présentant la quittance du surplus de la contribution.

Les bons qui n'auront été ainsi employés, ou ce qui restera de plus-value, seront admis en paiement de biens nationaux, comme les autres créances sur l'État ; dont il sera parlé ci-après.

Ils seront de plus admis en paiement des contributions directes de l'an VI ; mais dans ce dernier cas, ils ne pourront être présentés que par les contribuables à qui ils auront été remis.

VII. Pour assurer le recouvrement d'une somme égale au montant des dépenses fixes, il sera établi des impositions indirectes jusqu'à concurrence du déficit que laisseront les produits réunis de la contribution foncière, personnelle et somptuaire, de la perception des droits de timbre, d'enregistrement, douanes et patentes, actuellement établis.

Les lois concernant l'administration des postes et messageries seront revues, et leur résultat arrêté à la certitude d'un produit de 12 millions.

Celles relatives au droit de marque d'or et d'argent assureront un produit de 500,000 livres.

VIII. Tous les domaines nationaux, y compris ceux des départemens réunis, à l'exception de ceux réservés pour le service public, des forêts nationales et bois réservés par les lois rendues à ce sujet, seront mis en vente, conformément à ce qui est prescrit ci-dessus, (article III), pour atteindre le montant des fonds extraordinaires. Le Directoire exécutif se fera rendre compte successivement des produits desdites aliénations, et en informera le Corps législatif, dès qu'ils auront suffi à compléter le montant desdits fonds extraordinaires.

IX. Ces ventes seront faites par les administrations de département, quinzaine après l'affiche, sur enchères reçues de la manière réglée par les lois antérieures à celles du 28 ventose, et suivant les bases d'évaluation et le mode de paiement ci-après déterminé.

X. Les enchères seront ouvertes sur une première offre égale aux trois quarts du principal de l'évaluation des biens estimés en vertu des lois précédentes.

Et quant aux biens non estimés, le revenu en sera fixé par des experts, et les enchères seront ouvertes sur l'offre de quinze fois ce revenu.

XI. Le prix des biens vendus sera payable de la manière suivante :

Un dixième en numéraire, moitié dans les dix jours et avant la prise de possession, et moitié dans six mois ; quatre dixièmes en quatre obligations ou cédules, payables, une chaque année, dans les quatre suivantes, et produisant cinq pour cent d'intérêt.

A 2

Le restant du prix pourra être acquitté, ou avec des ordonnances des ministtes pour fournitures faites à la République, ou en bordereaux de liquidation de la dette publique; ou de la dette des émigrés, ou en bons de réquisition, bons de loterie, et ordonnances ou bons de restitution ou d'indemnité de pertes occasionnées par la guerre dans les départemens frontières, et dans ceux de l'ouest, ou en inscriptions sur le grand livre de la dette perpétuelle, calculées sur le pied de vingt fois la rente.

XII. Les inscriptions sur le grand livre de la dette publique, ainsi que les bordereaux de liquidation et indemnité, bons de réquisition ou ordonnances des ministres, délivrés jusqu'à ce jour, ne seront admis, conformément à l'article précédent, en paiement du prix des domaines nationaux, que jusqu'au premier messidor prochain.

XIII. La partie payable en numéraire, ou en obligations ou cédules, sera toujours réglée par le montant de la première offre ou de la mise à prix, telle qu'elle est réglée par l'article X. Tout ce qui sera ajouté par la voie des enchères, pourra être payé de la même manière que les cinq derniers dixièmes; tellement qu'un domaine estimé 2,000 francs de revenu, mis à l'enchère sur une première offre de 30,000 francs, et adjugé, par exemple, au prix de 50,000 francs, pourra être payé; savoir,

1,500 francs en numéraire dans les dix jours, et avant la prise de possession;

1,500 francs dans les six mois;

Quatre obligations ou cédules de 3,000 francs chacune, payables d'année en année, avec l'intérêt à 5 pour 100 sans retenue;

Et 35,000 francs en ordonnances des ministres, bordereaux de liquidation, inscriptions sur le grand livre, et autres effets mentionnés en l'article XI.

XIV. La partie du prix des domaines nationaux qui sera payée en effets de la dette publique, dans les valeurs ci-dessus désignées, sera remise à la trésorerie nationale dans le mois de la vente.

XV. Il sera, par le commissaire près l'administration centrale, formé, sans frais, une seule opposition aux hypothèques sur l'acquéreur; elle tiendra au profit de chacun des porteurs de ces obligations.

Dans les départemens où il n'y a pas de bureau d'hypothèque, la notification au greffier du tribunal civil, qui en tiendra registre, vaudra opposition provisoirement, et jusqu'à la mise en activité du code hypothécaire.

XVI. A défaut de paiement d'une ou plusieurs des obligations, le porteur ou les porteurs qui ne voudraient pas suivre leurs actions personnelles ou en expropriation dans les formes ordinaires, ne seront tenus, pour toutes dili-gences, qu'à une simple sommation au débiteur, laquelle ils dénonceront au commissaire du Directoire exécutif près l'administration centrale, qui en don-nera récépissé à l'huissier.

XVII. Dans la décade qui suivra la dénonciation au commissaire, ce der-nier fera faire une nouvelle sommation au débiteur, avec déclaration que, faute de payer dans le délai de dix jours, il sera procédé à la revente du bien par lui acquis.

XVIII. Faute de paiement dans le délai indiqué, le bien sera revendu dans les formes de la premiere vente; le prix sera payable :

1.° Comptant pour la partie des obligations échues non-payées;

2.° A la charge d'acquitter à leur échéance les obligations non échues ;

3.° De payer le surplus du prix, s'il y en a, entre les mains du précédent adjudicataire ou de ses ayant-droit, un mois après le paiement de la derniere de ses obligations, le tout avec l'intérêt de cinq pour cent.

Et dans le cas où le prix de la vente ne couvrirait pas ce qui reste dû par le premier acquéreur, intéréts et frais, il sera poursuivi, et ses biens saisis pour en parfaire le paiement; et les cédules qui ne pourraient être payées à leur échéance par délégation du prix, seront acquittées à présentation, lors de ladite échéance, par la trésorerie nationale.

XIX. Indépendamment des prix ci-dessus stipulés, les acquéreurs de domaines nationaux seront tenus d'acquitter en numéraire le droit d'enregistrement, à raison de deux pour cent de la moitié de la premiere mise, et de consigner entre les mains du secrétaire général de l'administration centrale, un pour cent du prix de la premiere mise, et un quart pour cent sur le surplus du prix, pour être distribué entre les administrateurs, les employés et le directeur de la régie des domaines, de la maniere prescrite par la loi du 28 ventose dernier.

XX. Les ci-devant religieux, religieuses et autres personnes comprises dans la suppression du clergé régulier dans la ci-devant Belgique, continueront à être admis à payer les domaines qu'ils acheteront directement dans les neuf départe-temens réunis par la loi du 9 vendémiaire de l'an IV, avec les bons qui leur sont délivrés, pour leur tenir lieu de pension de retraite. L'excédent seulement du prix qu'ils n'auront pas acquitté avec ces valeurs, sera payé comme il est dit ci-dessus; savoir, en numéraire, obligations ou cédules, jusqu'au complé-ment de la moitié de la premiere offre, et le surplus en effets de la dette pu-blique.

XXI. Néanmoins, les particuliers qui ont déjà demandé la mise en vente de quelques domaines nationaux situés dans les neuf départemens réunis, ou qui le seront dans le mois de la publication de la présente loi, seront admis à la poursuivre et à en payer le prix, conformément aux dispositions de la loi du 17 fructidor dernier, contenant des moyens pour accélérer la vente des domaines nationaux, dans les neuf départemens réunis le 9 vendémiaire an IV.

XXII. Les acquéreurs de maisons, usines, bois de futaie et bois taillis, ne pourront faire aucune coupe de bois ni démolition avant d'avoir soldé le prix entier de la vente, et ce, à peine d'exigibilité de ce qui restera dû, à moins qu'ils n'en aient obtenu l'autorisation de l'administration de département, sur l'avis de l'administration municipale : ladite autorisation sera toujours à la charge de donner bonne et valable caution.

XXIII. Il est dérogé par la présente loi à toutes dispositions antérieures qui pourraient y être contraires.

XXIV. La présente résolution sera imprimée.

Signé CAMBACÉRÈS, *président ;*

DUBOIS (des Vosges,) FABRE, T. BERLIER, MATHIEU, *secrétaires.*

Après une seconde lecture, le Conseil des Anciens APPROUVE la résolution ci-dessus. Le 16 Brumaire, an V de la République française.

Signé J. G. LACUÉE, *président ;*

VIENNET, KERVELEGAN, LEPAIGE, *secrétaires.*

Le Directoire exécutif ordonne que la loi ci-dessus sera publiée, exécutée, et qu'elle sera munie du sceau de la République. Fait au palais national du Directoire exécutif, le 16 Brumaire, an V de la République française.

Pour expédition conforme, *signé* BARRAS, *président ;* par le Directoire exécutif,

le secrétaire général, LAGARDE, *et scellé du sceau de la République.*

2.° *LOI relative à la répartition et au recouvrement des contributions directes.*

Du 17 Brumaire an V.

LE CONSEIL DES ANCIENS, adoptant les motifs de la déclaration d'urgence qui précède la résolution ci-après, approuve l'acte d'urgence.

Suit la teneur de la Déclaration d'urgence et de la Résolution du 11 Brumaire :

Le Conseil des Cinq-cents, après avoir entendu le rapport de la commission spéciale à laquelle il a renvoyé l'examen du message du Directoire exécutif du 19 vendémiaire dernier ;

Considérant qu'il n'y a plus de sûreté dans les assignations sur le trésor public, plus d'égalité entre les citoyens, si quelques-uns peuvent se soustraire impunément à l'obligation commune d'acquitter, dans les mêmes termes, leur part des charges publiques ;

Considérant que cette résistance partielle à la volonté générale pourrait avoir les suites les plus funestes, s'il n'y était promptement pourvu par des dispositions aussi sévères qu'efficaces,

Déclare qu'il y a urgence.

Le Conseil après avoir déclaré l'urgence, prend la résolution suivante :

ARTICLE PREMIER.

Les membres des administrations centrales de département seront tenues de faire, entre les communes de leur arrondissement, la répartition des contributions directes, dans les quinze jours de la réception des lois rendues en cette partie.

Les administrations municipales seront aussi tenues de mettre les rôles en recouvrement, dans le délai de quinze jours, à compter de la réception des mandemens ; et, faute de le faire, le Directoire exécutif nommera des commissaires spéciaux chargés de suppléer auxdites opérations : les salaires dûs à ces commissaires seront payés par les administrateurs en retard.

II. Les receveurs des départemens et les percepteurs des communes, seront responsables du recouvrement des sommes imposées dans les dix jours qui suivront l'échange des délais fixés par les lois. Ils y seront contraints dans les dix jours suivans, par la privation de toutes leurs remises sur les sommes non recouvrées, pour lesquelles ils ne pourront justifier avoir fait les diligences prescrites par la loi, et dans les délais qu'elle aura déterminés.

Ces dix jours écoulés, et à défaut de diligences, il sera procédé par saisie et vente des biens desdits receveurs et percepteurs, et de leur cautions.

III. Les contribuables qui n'auront pas acquitté le montant de leur taxe en contributions directe dans les dix jours qui suivront l'échéance des délais fixés par les lois, y seront contraints dans les dix jours suivans par la voie des garnisaires envoyés dans leur domicile, et auxquels ils seront tenus de fournir le logement et les subsistances, et de payer de plus un franc par jour. Ce premier délai expiré, le paiement sera poursuivi par la saisie et vente des meubles des contribuables en retard, même des fruits pendant par racines.

Les garnisaires seront nommés par les administrations municipales, sur la demande des percepteurs.

IV. Les rôles des exercices antérieurs à celui de l'an V, non encore mis en

recouvrement, seront terminés, et leur montant certifié au ministre des finances par les corps administratifs, dans les dix jours qui suivront la publication de la présente loi, sous les peines portées dans les articles précédens.

V. Les sommes dues par les contribuables sur les exercices antérieurs à l'an V,
seront payées ; savoir, tout ce qui manque aux trois quarts des sommes portées
dans les rôles faits, dans les dix jours de la publication de la présente loi ; à
l'égard des rôles non formés, dans les dix jours qui suivront leur mise en recouvrement, et le surplus le 15 frimaire prochain.

VI. Les assignats de 100 francs et au-dessous seront admis en paiement des
contributions directes et indirectes, sur le pied de trente capitaux pour un, en
remplacement de mandats, dans les dix jours qui suivront la publication de
la présente.

Les assignats qui rentreront par les impositions, seront annullés et brûlés
en la forme accoutumée.

VII. La contribution des maisons et bâtimens, payables en exécution des
lois existantes, en assignats ou en mandats, en tout ou en partie, valeur nominale, ne pourra être acquittée de cette manière, que dans les dix jours qui
suivront la publication de la présente loi, sur les rôles déjà faits, ou dans les dix
jours qui suivront la publication des rôles à faire. Ce délai passé, elle ne pourra
être acquittée qu'en numéraire, franc pour franc, ou en mandats au cours,
comme la contribution des fonds ruraux.

VIII. Les fermiers seront tenus de faire l'avance des contributions pour leurs
propriétaires, sauf à s'en faire rembourser, ou à les retenir sur le prix de leur
fermage.

IX. Les receveurs et percepteurs seront tenus, le onzième jour de la publication de la présente loi, à l'égard des rôles en recouvrement, et le onzième
jour après la remise des rôles non encore terminés, de faire constater par les
municipalités de leur domicile, l'état et le montant de leur recette, et d'en
adresser le procès-verbal, dans les deux jours suivans au plus tard ; savoir, les
percepteurs aux administrations centrales, et les receveurs aux mêmes administrations, au ministre des finances et à la trésorerie nationale, et de verser, chacun
en droit soi, les fonds desquels ils seront détenteurs, dans les caisses qui doivent
les recevoir. Ce délai passé, ils ne seront plus admis à porter dans leur compte
ni des assignats d'aucune manière, ni des mandats valeur nominale.

X. Les percepteurs des communes seront tenus à l'avenir de verser le produit
de leur recette chez le receveur du département ou entre les mains des préposés, au moins une fois par décade. Ceux qui seront en retard, et qui n'auront
pas prévenu le receveur qu'ils n'ont rien reçu dans les dix jours précédens, y

seront contraints par une escorte de gendarmerie, dont ils seront tenus de payer les frais, à raison de cinq francs par jour pour chaque gendarme.

XI. Les percepteurs des communes tiendront, indépendamment du rôle des contributions, un relevé ou bordereau sur lequel ils rapporteront, jour par jour, le nom des contribuables qui auront effectué des paiemens, et le montant des sommes remises. Ils le feront clore et arrêter par l'agent de la commune ou par le commissaire du Directoire exécutif auprès de la municipalité, tous les dix jours au moins, et la veille de leur versement chez le receveur du département ou de l'arrondissement.

La quittance du receveur sera rapportée à la suite de l'arrêté du bordereau.

XII. Les obligations ci-dessus imposées aux percepteurs vis-à-vis des receveurs, sont rendues communes vis-à-vis de ces derniers, à leurs préposés dans les anciens arrondissemens de district.

XIII. Les receveurs des départemens seront obligés de tenir un état de situation de tous les percepteurs des communes; cet état fera connaître la somme portée dans les rôles, celle qui a été payée et ce qui reste dû.

XIV. Les administrations centrales enverront, les 10, 20 et 30 de chaque mois, ou le lendemain, au ministre des finances, l'état des recouvremens faits par le receveur du département. Cet état fera connaître:

1.° Le montant des contributions directes assignées au département pour chaque exercice non soldé;

2.° Le montant des sommes payées d'après l'état précédent;

3.° Le montant des sommes payées depuis le dernier état;

4.° Le montant des sommes dues pour le solde de l'exercice;

5.° Le montant des sommes reçues depuis le dernier état sur toutes les parties des recettes publiques autres que les contributions directes;

6.° Le montant des sommes restantes en caisses;

7.° L'état du 30 fera connaître la situation de chaque commune dans la forme prescrite par l'article précédent.

XV. Les receveurs des départemens feront, à l'égard des commissaires de la trésorerie nationale, ce qui est prescrit par l'article précédent à l'égard des administrations centrales.

XVI. Les états adressés au ministre des finances et à la trésorerie nationale seront signés par le commissaire du Directoire exécutif, ou par l'administrateur qui le remplacera.

Ils sont déclarés responsables de l'exécution de cette disposition; ils pourront être privés de leur traitement pour tous les jours de retard, et la liste de ceux qui se seront rendus coupables de cette négligence sera adressée, le 10 de chaque mois, au Directoire exécutif, par le ministre des finances.

XVII. La présente résolution sera imprimée.

Signé CAMBACÉRÈS, *président ;*
DUBOIS (des Vosges), FABRE, T. BERLIER, MATHIEU, *secrétaires.*

Après une seconde lecture, le Conseil des Anciens APPROUVE la résolution ci-dessus. Le 17 Brumaire an V de la République française.

Signé J. G. LACUÉE, *président ;*
VIENNET, KERVELEGAN, LEPAIGE, *secrétaires.*

Le Directoire exécutif ordonne que la loi ci-dessus sera publiée, exécutée, et qu'elle sera munie du sceau de la République. Fait au palais national du Directoire exécutif, le 17 Brumaire an V de la République française.

Pour expédition conforme, *signé* BARRAS, *président ;*
par le Directoire exécutif, *le secrétaire général*, LAGARDE ; *et scellée du sceau de la République.*

A PARIS,

DE L'IMPRIMERIE DU DÉPOT DES LOIS,
place du Carrousel.

Et se trouve dans les villes chef-lieux de département, au bureau de correspondance du Dépôt des Lois.

Au nom de la République française.

L O I

Qui établit un droit fixe d'enregistrement pour les mutations d'inscriptions sur le grand-livre.

Du 22 Pluviose, an V de la République française une et indivisible.

Le Conseil des Anciens, adoptant les motifs de la déclaration d'urgence qui précède la résolution ci-après, approuve l'acte d'urgence.

Suit la teneur de la Déclaration d'urgence et de la Résolution du 21 Pluviose :

Le Conseil des Cinq-cents, considérant qu'il n'est pas moins pressant, pour atteindre le but de la loi du 16 brumaire dernier, concernant l'admission des inscriptions en paiement de biens nationaux, que pour améliorer la condition des propriétaires de ces effets en les rendant plus disponibles, de modérer le droit d'enregistrement auquel leurs mutations sont sujètes,

Déclare qu'il y a urgence.

Le Conseil, après avoir déclaré l'urgence, prend la résolution suivante :

ARTICLE PREMIER.

Toute mutation d'inscription sur le *grand-livre* de la dette publique, à quelque titre qu'elle s'opère, ne sera sujète qu'à un droit fixe d'enregistrement d'un franc pendant le temps qui reste à courir de l'an V.

II. La présente résolution sera imprimée.

Signé Riou, *président*;

Perès (de la Haute-Garonne), J. Izos, Henry Frégeville, *secrétaires.*

N.° 9.

Après une seconde lecture, le Conseil des Anciens APPROUVE la résolution ci-dessus. Le 22 Pluviose, an V, de la République française.

Signé LIGERET, *président* ;
VIDALOT, NIOU, J. B. GIROT, J. POISSON, *secrétaires.*

Le Directoire exécutif ordonne que la loi ci-dessus sera publiée, exécutée, et qu'elle sera munie du sceau de la République. Fait au palais national du Directoire exécutif, le 22 Pluviose, an V de la République française, une et indivisible.

Pour expédition conforme, *signé* REUBELL, *président* ; par le Directoire exécutif, *le secrétaire général,* LAGARDE ; *et scellé du sceau de la République.*

A PARIS,

DE L'IMPRIMERIE DU DEPOT DES LOIS.

place du Carrousel.

Et se trouve dans les villes chefs-lieux de départemens, au bureau de correspondance du Dépôt des Lois.

'Au nom de la République française.

L O I

RELATIVE AU DROIT DE TIMBRE.

Du 5 Floréal an **V** de la République française, une et indivisible.

LE CONSEIL DES ANCIENS, adoptant les motifs de la déclaration d'urgence qui précède la résolution ci-après, approuve l'acte d'urgence.

Suit la teneur de la déclaration d'urgence et de la résolution du 17 Germinal :

Le Conseil des Cinq-cents, après avoir entendu sa commission des finances ;

Considérant que l'expérience a prouvé que le droit de timbre est un peu trop élevé pour les actes d'un usage habituel et pour certains effets de commerce ; qu'il y a d'ailleurs des omissions à rectifier et des abus à prévenir dans la perception de ce genre de droit.

Déclare qu'il y a urgence.

Et après avoir déclaré l'urgence, prend la résolution suivante :

ARTICLE PREMIER.

Il sera établi un nouveau timbre fixe pour les quarts de la feuille du petit papier de 24 centimètres sur 38 : le droit de ce timbre sera de 15 centimes. La régie se conformera, pour la fabrication de ce timbre, à la disposition de l'article V de la loi du 14 termidor dernier.

II. Seront assujettis au timbre de dimension, indépendamment des actes compris dans les précédentes lois, et sous les peines y portées ; savoir,

N.º 9, II.

Tous les actes et procès-verbaux faits par les juges, ou au greffe, ou devant les secrétaires des administrations, qui sont susceptibles de l'enregistrement, ou dont il résulte des vacations ou émolumens au profit des juges ou des greffiers et secrétaires, ou des perceptions de droits de greffe, à l'exception des actes et expéditions délivrés par ces greffiers et secrétaires aux autorités constituées, sur lesquelles cette destination aura été mentionnée;

Les citations devant les juges de paix,

Les consultations d'hommes de loi ou défenseurs officieux, produites en justice;

Les soumissions pour adjudications, marchés ou entreprises;

Les pétitions aux tribunaux;

Les lettres de voiture sous seing-privé, et autres;

Les inventaires et comptes de commerce;

Les factures, mémoires et extraits de livres des marchands et ouvriers;

Les passe-ports pour l'intérieur.

III. Tout passe-port à l'étranger sera sujet à un timbre sec de dix francs.

IV. Le tarif établi par la loi du 14 thermidor dernier pour le timbre proportionnel sur les billets à ordre et au porteur, lettres-de-change et autres effets négociables ou de commerce, est modifié ainsi qu'il suit :

Pour les effets de 500 fr. et au-dessous . . . . » fr. 25 cent.
De   500 fr. à   1,000 fr. inclusivement . . . . » 50
De 1,000   à   2,000 . . . . 1 »
De 2,000   à   4,000 . . . . 2 »
De 4,000   à   6,000 . . . . 3 »
De 6,000   à   8,000 . . . . 4 »
De 8,000   à 10,000 . . . . 5 »

V. Il ne pourra, sous les peines portées par l'article XV de la loi du 11 février 1791, être tiré d'effet négociable au-dessus de 10,000 francs, qu'à la charge de le soumettre au *visa*, pour supplément de timbre, du préposé de la régie, avant qu'il soit accepté, endossé ou acquitté. Le droit de ce *visa* sera de cinquante centimes par mille francs excédant les dix mille. Il ne sera rien perçu pour les fractions.

VI. Le droit de *visa* pour timbre, qui s'acquitte sur les effets venant de l'étranger, avant leur acceptation, endossement ou acquit en France, sera perçu sur le pied réglé par les deux articles précédens.

VII. La perception aura lieu aussi, sous la même peine, pour les effets de commerce payables chez l'étranger, avant qu'ils puissent être endossés ou négociés en France.

VIII. Dans le cas de contravention, le préposé de la régie est autorisé à retenir le billet ou effet, pour le joindre au procès-verbal qu'il rapportera contré le contrevenant, à moins que ce dernier ne consente d'en délivrer une copie certifiée, ou n'acquitte, avec le droit de timbre, l'amende encourue.

IX. Les marchands, négocians, armateurs, fabricans, logeurs, commissionnaires, banquiers, agens-de-change, courtiers et autres, tenus par les lois d'avoir des registres paraphés et en papier timbré, sont obligés, pour obtenir leur patente, de représenter au préposé de la régie lesdits registres en bonne forme ; cette représentation sera mentionnée sur la patente.

X. Le timbre proportionnel sera apposé sur le haut de la partie gauche de la feuille ; et dans la partie droite sera une empreinte en noir, qui indiquera la somme pour laquelle l'effet peut-être tiré.

XI. En attendant la fabrication des nouveaux timbres secs de 25 et 50 centimes pour les effets jusqu'à 1,000 francs, la régie y fera apposer les timbres noirs ou de dimension de 25 et 50 centimes.

XII. Les dispositions des lois antérieures sur le timbre auxquelles il n'est point dérogé par la présente, continueront d'être exécutées.

La présente résolution sera imprimée.

Signé LECOINTE-PUYRAVEAU, *président* ;
DAUNOU, CHASSET, T. BERLIER, TREILHARD, *secrétaires*.

Après une seconde lecture, le Conseil des Anciens APPROUVE la résolution ci-dessus. Le 5 Floréal an V de la République française.

Signé COURTOIS, *président;*
J. T. M. GUERMEUR, CREUZÉ-PASCAL, *secrétaires*.

Le Directoire exécutif ordonne que la loi ci-dessus sera publiée, *exécutée*, et qu'elle sera munie du sceau de la République. Fait au Palais national du Directoire exécutif, le 6 Floréal, an V de la République française, une et indivisible.

Pour expédition conforme, *signé* REUBELL, *président ;* par le Directoire exécutif, *le secrétaire général*, LAGARDE, *et scellé du sceau de la République.*

À PARIS, de l'Imprimerie du Dépôt des Lois, place du Carrousel.
Et se trouve dans les villes chefs-lieux de départemens, au bureau de correspondance du Dépôt des Lois.

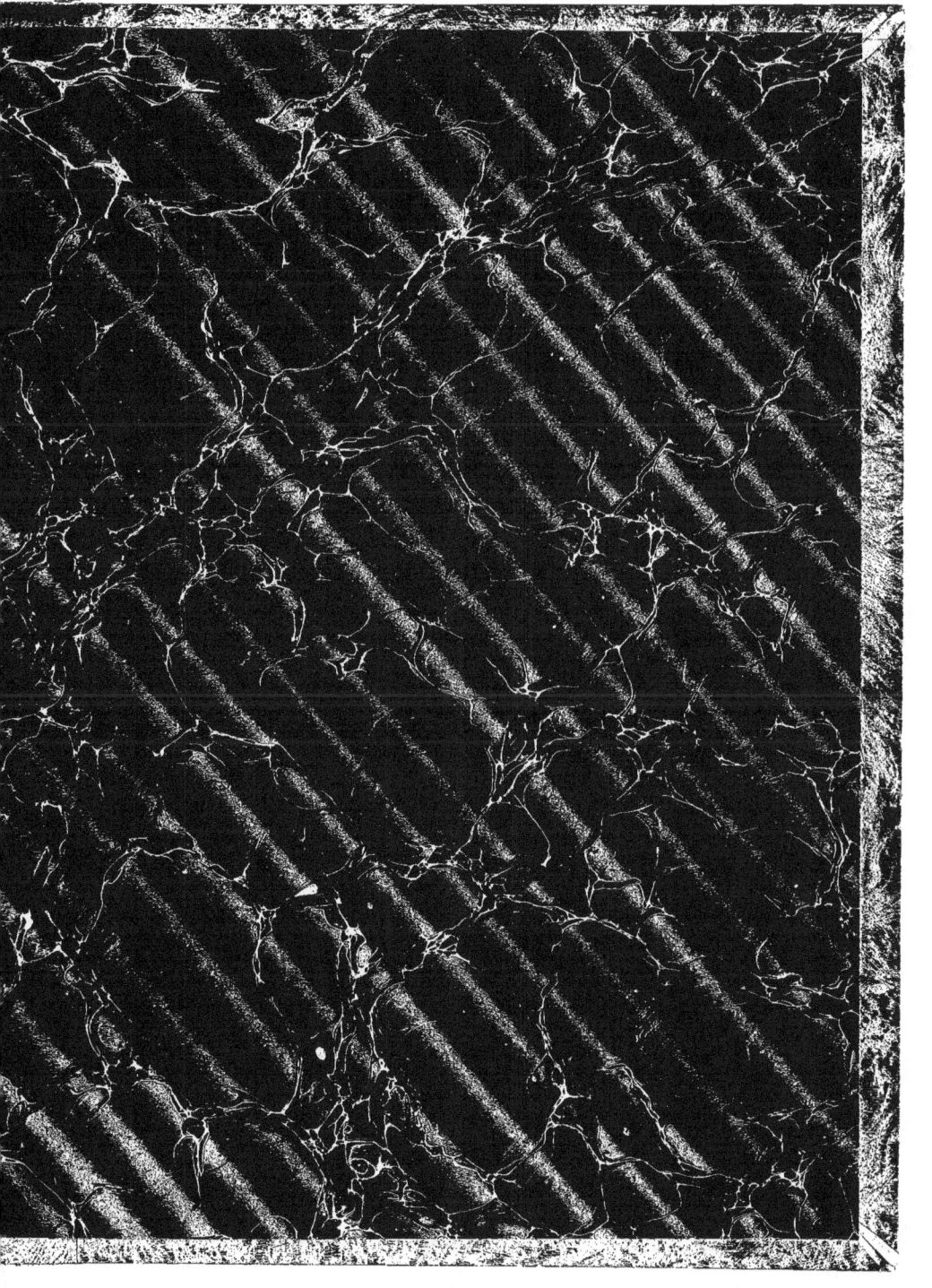

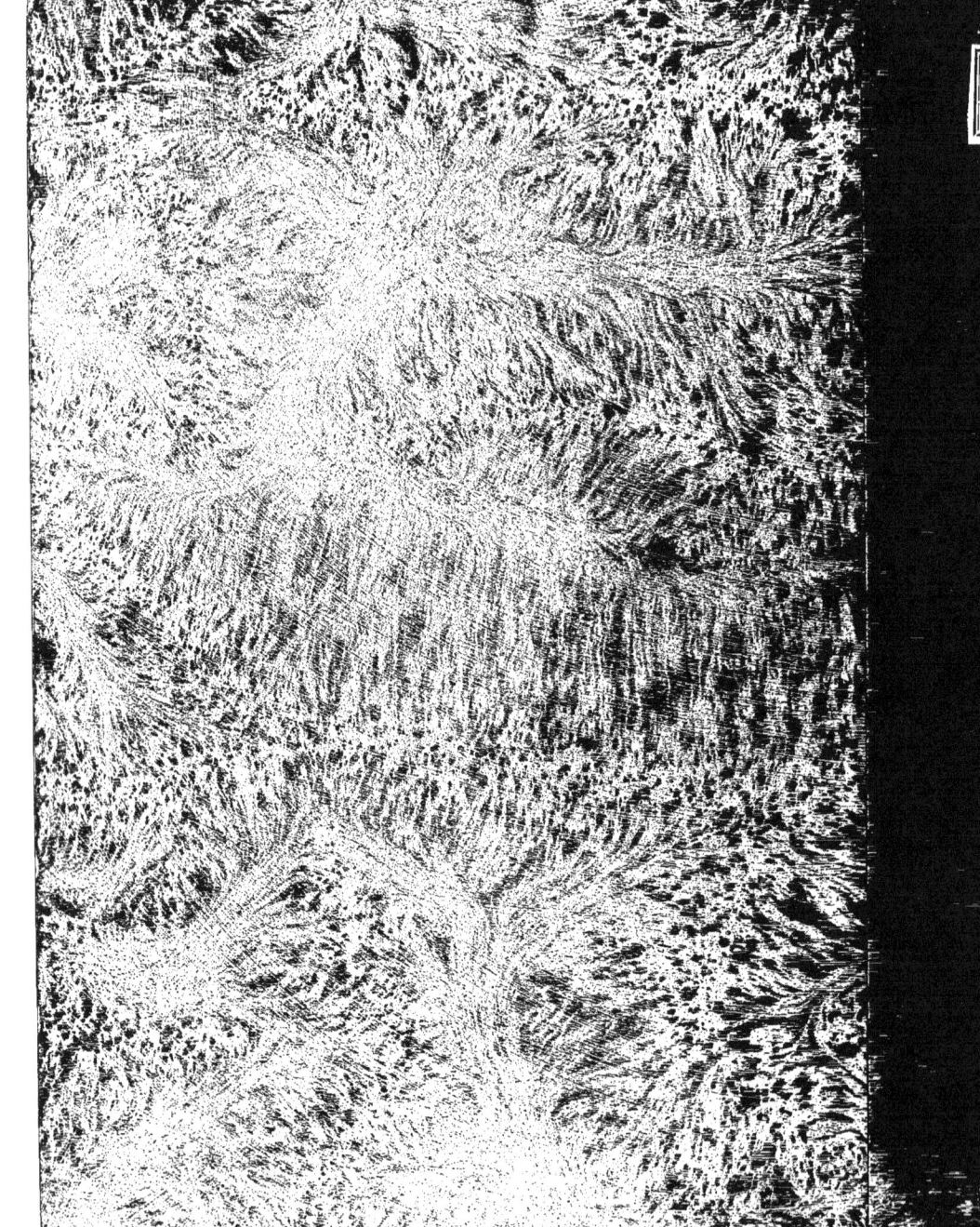